D0566313

# Wolf Haas

# Das Wetter
# vor 15 Jahren

Roman

| Hoffmann und Campe |

7. Auflage 2007
Copyright © 2006 by
Hoffmann und Campe Verlag, Hamburg
*www.hoca.de*
Satz: pagina GmbH, Tübingen
Druck und Bindung:
GGP Media GmbH, Pößneck
Printed in Germany
ISBN 978-3-455-40004-5

HOFFMANN
UND CAMPE

*Ein Unternehmen der*
GANSKE VERLAGSGRUPPE

# Erster Tag

**Literaturbeilage** Herr Haas, ich habe lange hin und her
überlegt, wo ich anfangen soll.

**Wolf Haas** Ja, ich auch.

**Literaturbeilage** Im Gegensatz zu Ihnen möchte ich
nicht mit dem Ende beginnen, sondern –

**Wolf Haas** Mit dem Ende beginne ich streng genommen ja auch nicht. Sondern mit dem ersten Kuss.

**Literaturbeilage** Aber es ist doch ürgendwie das Ergebnis der Geschichte, die Sie erzählen. Oder meinetwegen der Zielpunkt, auf den alles zusteuert. Streng chronologisch gesehen würde das an den Schluss der Geschichte gehören. Ihr Held hat fünfzehn Jahre auf diesen Kuss hingearbeitet. Und am Ende kriegt er ihn endlich. Aber Sie schildern diese Szene nicht am Schluss, sondern ziehen sie an den Anfang vor.

**Wolf Haas** Ich hätte ein paar Anfänge gehabt, die mir eigentlich besser gefallen haben. Mein Problem war aber weniger der Anfang, also wie fang ich an, sondern wo tu ich den Kuss hin. Man kann ja den nicht hinten, wo er fällig ist sozusagen. Das ist ja unerträglich. Wenn einer fünfzehn Jahre auf einen Kuss gewartet hat, oder wie Sie sagen, hingearbeitet, und dann kriegt er ihn, wie will man das beschreiben.

**Literaturbeilage** Ich hab mich beim Lesen auch mal kurz gefragt, ob der vorgezogene Schluss vielleicht eine Art Kampfansage an die Rezensenten ist.

**Wolf Haas** So weit kammert's no!

**Literaturbeilage** Autoren beklagen sich ja oft bitter darüber, dass in der Zeitung schon vorab die ganze Handlung verraten wird.

**Wolf Haas** Deshalb schreib ich keine Krimis mehr. Da stört es ein bisschen, wenn man schon vorher alles weiß. Aber bei normalen Büchern sehe ich es eher als Hilfe. Als Teamarbeit. Klappentext und Kritiker erzählen vorab die Geschichte, und als Autor kann man sich auf das Kleingedruckte konzentrieren.

**Literaturbeilage** Gut, dann bleiben wir mal beim „Kleingedruckten", wie Sie es nennen. Diesen ersten Kuss zu Beginn des Buches beschreiben Sie ja würklich sehr detailliert. Um nicht zu sagen akribisch.

**Wolf Haas** Streng genommen ist es ja nicht der erste Kuss, sondern der Kuss, bei dem die beiden vor fünfzehn Jahren unterbrochen worden sind.

**Literaturbeilage** Ja richtig.

**Wolf Haas** Weil Sie gerade „akribisch" sagen.

**Literaturbeilage** Diese akribische oder fast pedantische Art, mit der Ihr Ich-Erzähler seinen endlich errungenen Kuss beschreibt, charakterisiert ihn ja schon auf der ersten Seite sehr treffend.

**Wolf Haas** Ja ich weiß nicht. Das hab ich jetzt schon öfter gehört, dieses Lob sozusagen, dass einem Herr Kowalski gleich so vertraut wird durch die Art, wie er den Kuss beschreibt. Wenn das so rüberkommt, soll's mir recht sein.

**Literaturbeilage** Er beschreibt den Kuss, auf den er fünfzehn Jahre gewartet hat, nicht gerade sonderlich romantisch oder so. Sondern fast technokratisch.

**Wolf Haas** Ich würde nicht unbedingt sagen „technokratisch".

**Literaturbeilage** Oder sachlich?

**Wolf Haas** Ich bin mir da nicht so sicher. Das ist immer ein bisschen schwierig, finde ich, wenn man als Autor für eine Stelle besonders gelobt wird.

**Literaturbeilage** Sie werden nicht gern gelobt?

**Wolf Haas** Doch natürlich! Aber wenn man eben sozusagen für das Falsche gelobt wird. Ich finde ja nicht unbedingt, dass mit dem Kuss die Person schon auf der ersten Seite so toll charakterisiert wird. Ein Kritiker schreibt vom anderen ab, und dann heißt es überall, der küsst schon auf der ersten Seite so technokratisch und sachlich. Aha, und er ist ja auch Ingenieur, das ist typisch ingenieurhaft, wie der küsst sozusagen. Und dann hat er fünfzehn Jahre auf den Kuss hingearbeitet, das hat ja auch so was Akribisches und Verklemmtes, und das hat uns der Autor alles schon in den Kuss auf der ersten Seite hineinversteckt. Gutes literarisches Kusshandwerk sozusagen.

**Literaturbeilage** Wie ist es denn für Sie? Nicht sachlich, nicht technokratisch –

**Wolf Haas** Also wenn man das schon irgendwie klassifizieren muss, würde ich am ehesten sagen: leidenschaftlich!

**Literaturbeilage** Was? Entschuldigen Sie, aber „leidenschaftlich" wäre würklich das Letzte gewesen, wie ich die Beschreibung dieses Kusses genannt hätte.

**Wolf Haas** Also er hat fünfzehn Jahre auf diesen Kuss gewartet! Und dann kriegt er ihn endlich! Wenn das nicht romantisch ist, dann weiß ich nicht.

**Literaturbeilage** Aber Sie beschreiben es ja nicht so aufgeregt, wie Sie mir das jetzt vor Augen halten. Sondern im Gegenteil. Der erste Satz Ihres Buches lautet: „Geht man vom äußeren Augenwinkel einen Zentimeter nach unten, kommt man zum Backenknochen."

**Wolf Haas** Ja und?

**Literaturbeilage** Dann sagt Ihr Erzähler zum ersten Mal „Ich".

**Wolf Haas** Aha.

**Literaturbeilage** Und zwar, um im zweiten Satz die Präzisierung vorzunehmen: „Genauer gesagt beziehe ich mich auf die linke Gesichtshälfte. Auf den äußeren Winkel des linken Auges. Geht man von hier einen Zentimeter nach unten, kommt man zum linken Backenknochen."

**Wolf Haas** Und jetzt kommt's aber! Da hat Anni ihn hingeküsst!

**Literaturbeilage** Noch nicht ganz, man muss erst noch einen Zentimeter weitergehen. Er sagt: „Und dann in gerader Linie weiter, noch einen Zentimeter. Dort hat Anni mich hingeküsst."

**Wolf Haas** Ich verstehe natürlich schon, wie die Leute darauf kommen, zu sagen, sein Charakter, akribisch und pedantisch. Wenn einer einen Kuss so geometrisch beschreibt, in gerader Linie und so weiter. Aber er sagt ja auch: Ich spüre ihn noch genau. Die Stelle ist so wichtig, weil er den Kuss da noch spürt! Nach Stunden! Er hat fünfzehn Jahre auf diesen Kuss hingearbeitet. Und jetzt ist es schon wieder ein paar Stunden her, dass Anni sich von ihm verabschiedet hat. Also nur bis morgen verabschiedet, aber das weiß man ja als Leser an der Stelle noch nicht. Man weiß jetzt einmal nur, dass sie weg ist. Aber der Kuss ist noch da!

**Literaturbeilage** Man weiß nur, dass sie „Pfürti" gesagt hat.

**Wolf Haas** Ja, sie hat „Pfiati" gesagt und ihm den Kuss auf die Wange gegeben. Und jetzt, wo er schon wieder ein paar Stunden allein ist, spürt er den Kuss immer noch. Er brennt auf der Wange.

**Literaturbeilage** Zwei Zentimeter unter dem linken Auge.

**Wolf Haas** Aber er hat panische Angst, dass der Kuss, nachdem er fünfzehn Jahre darauf gewartet hat, wieder verblassen oder gar verschwinden könnte. Er will, dass es anhält, darum versucht er, das Gefühl zu sichern. Er braucht diese exakte Beschreibung, also einen Zentimeter in gerader Linie, um sich selbst zu versichern, wo genau er ihn spürt. Das ersetzt ja nicht das Gefühl, sondern er will eben den Kuss beschützen sozusagen.

**Literaturbeilage** Bis er Anni morgen wieder sieht.

**Wolf Haas** Versprochen hat sie es jedenfalls. Morgen komme ich wieder, hat sie gesagt nach dem Kuss. Er wagt es kaum, sich zu bewegen, weil er Angst hat, dass er bei einer unachtsamen Bewegung den Kuss verliert.

**Literaturbeilage** *He is making the most of it.*

**Wolf Haas** So sehe ich das eigentlich. Nur darum beschreibt er den Vorgang ja auch so, wie dann immer betont wurde, „akribisch".

**Literaturbeilage** Weil Anni sonst nichts mit ihm gemacht hat.

**Wolf Haas** So kann man das nicht sagen. Also jetzt sind Sie technokratisch.

**Literaturbeilage** Wieso ich?

**Wolf Haas** Wenn Sie da „etwas machen" sagen. Das klingt ja fast ein bisschen pornografisch. „Machen wir was" und so. Sehen Sie, wenn die beiden „etwas machen" würden, dann wäre er nicht verklemmt und pedantisch, aber über Nacht einen Kuss konservieren, damit der nicht gleich wieder weggeht, damit der Kuss da bleibt, wo sie ihn raufgegeben hat, das ist dann gleich „akribischer Charakter" oder so.

**Literaturbeilage** Jetzt drehen Sie mir aber das Wort im Mund um. Dieses „etwas machen" war doch nicht ürgendwie pornografisch oder so gemeint.

**Wolf Haas** Es stimmt natürlich, sie hat ja wirklich nicht viel gemacht. Kuss auf die Wange und ciao. Bevor sie gegangen ist, hat sie ihm allerdings noch mit einem verlegenen Lächeln den Lippenstift weggewischt.

**Literaturbeilage** „Drei sehr schnelle Wischbewegungen von außen nach innen, also von Ohr nach Nase, parallel zur gedachten Verlängerung meiner linken Augenbraue", erzählt uns Herr Kowalski.

**Wolf Haas** Aber er betont, dass sie damit nicht den Kuss weggewischt hat, sondern nur den Lippenstift.

**Literaturbeilage** Den Kuss habe sie sogar einmassiert.

**Wolf Haas** *(lacht)* Ja, das ist eigentlich meine Lieblingsstelle im ganzen Buch. Dieses Lippenstiftweggewischtkriegen, das hat schon was. Das kennt man als Mann so gut. Das hat schon was sehr sehr – Ambivalentes. Diese Mischung aus Zärtlichkeit und Herablassung.

**Literaturbeilage** Da bin ich ja richtig froh, dass ich keinen Lippenstift trage. Er sagt auch noch: Schnelle Wischbewegungen, das klinge fast aggressiv.

**Wolf Haas** Diesen Verdacht äußert er aber nur, um ihn sofort zu entkräften und von sich zu weisen. Annis Geste sei das Gegenteil von aggressiv gewesen.

**Literaturbeilage** Er sagt: „Bei der schnellen Wischbewegung kommt es immer auf das Wie an! Und es kommt immer auf das Wer an! Und es kommt immer auf das verlegene Lachen an! Und es kommt immer auf das *Morgen besuch ich dich wieder* an."

**Wolf Haas** Ja, und dann beginnt eigentlich die Geschichte. Der Kuss war ja nur so eine Art Vorspann.

**Literaturbeilage** Und das bringt mich jetzt endlich zu meinem Anfang.

**Wolf Haas** Also das hat jetzt noch gar nicht gegolten?

**Literaturbeilage** Noch nicht so ganz. Ich möchte eigentlich mit einer anderen Frage beginnen. Wir wissen, wie der Roman beginnt. Was mich interessieren würde: Wie hat für Sie persönlich die ganze Geschichte begonnen? Wann waren Sie zum ersten Mal überhaupt konfrontiert damit? Wie sind Sie auf die Geschichte gestoßen?

**Wolf Haas** Das ist ganz einfach zu beantworten. Ich habe Herrn Kowalski zum ersten Mal bei seinem Fernsehauftritt gesehen.

**Literaturbeilage** Also bevor Sie ürgendwas von Anni wussten.

**Wolf Haas** Weder von Anni noch von ihm wusste ich irgendwas. Es war einfach nur normales Fernsehen. Ich hab ja keinen Fernsehapparat, weil ich wirklich zur Fernsehsucht neige. Wenn ich einen hab, schau ich jeden Blödsinn. Aber das Verschenken des Apparats hat auch nur dazu geführt, dass ich mich bei meinen Freunden zum Fernsehen einlade. Und wenn ich bei meiner Freundin bin, sitze ich auch dauernd vorm Fernseher. Dann gibt's natürlich Streit, weil sie nicht einsieht, dass ich mir Sachen wie *Wetten, dass..?* anschau.

**Literaturbeilage** Das tun Sie tatsächlich?

**Wolf Haas** Ja, ich muss zugeben, dass mir das wirklich großes Vergnügen bereitet. Ich schau das einfach gern.

**Literaturbeilage** Und bei *Wetten, dass..?* ist dann dieser Kandidat aufgetreten, der vor fünfzehn Jahren zuletzt in seinem östreichischen Urlaubsort war.

**Wolf Haas** „Sein" Urlaubsort ist etwas übertrieben. Seine Eltern sind da eben jedes Jahr hingefahren. Damals war er noch ein Kind. Also der ist eigentlich von seiner Geburt an Sommer für Sommer da hingekarrt worden. Bis er fünfzehn war.

**Literaturbeilage** Vor fünfzehn Jahren und mit fünfzehn Jahren war er zuletzt dort.

**Wolf Haas** Ja richtig. Ich hab schon überlegt, sein Alter etwas zu verändern, damit das nicht irgendwie verwirrend wird. Vor fünfzehn Jahren und mit fünfzehn Jahren. Er war ja zu dem Zeitpunkt, wo er als Wettkandidat im Fernsehen aufgetreten ist, dreißig. Das wusste ich da natürlich alles noch nicht so genau.

**Literaturbeilage**  Sie waren gleich von ihm fasziniert?

**Wolf Haas**  Nein, von ihm eigentlich gar nicht. Nur von der Wette. Er war ja als Person eher unscheinbar. Also wirklich das Gegenteil von einem faszinierenden oder charismatischen Typen oder so. Ein eher blasser Typ, das muss man schon ehrlich sagen!

**Literaturbeilage**  Blass ist er im wahrsten Sinne des Wortes.

**Wolf Haas**  Ja, ein bisschen farblos. Man möchte fast sagen: Nicht einmal rote Haare hat er. Seinem Hauttyp entsprechend könnte er die nämlich durchaus haben.

**Literaturbeilage**  Jetzt sind Sie aber sehr böse.

**Wolf Haas**  Ich mein's nicht böse. Mir gefällt das Blasse ja. Im Fernsehen hat man das gar nicht so gesehen, wegen der Schminke. Aber komischerweise hat man's trotzdem gesehen irgendwie.

**Literaturbeilage**  Seine Ausstrahlung.

**Wolf Haas**  Seine ganze Körpersprache ist so. Einerseits wirkt er viel älter als dreißig. Und gleichzeitig auch irgendwie kindlich. Vielleicht hat das sogar den Effekt der Wette verstärkt. Bei seiner Wette hatte ich gleich den Eindruck, dass eine irre Geschichte dahinterstecken muss.

**Literaturbeilage**  Es kam Ihnen gleich verdächtig vor, dass jemand das Wetter in seinem Urlaubsort studiert?

**Wolf Haas**  Was heißt das Wetter in seinem Urlaubsort! Der Typ lebt im Ruhrgebiet und weiß von jedem einzelnen Tag der vergangenen fünfzehn Jahre das Wetter in einem österreichischen Bergdorf. Obwohl er in all diesen Jahren nicht mehr dort gewesen ist.

**Literaturbeilage**  Ja gut, aber in dieser Sendung gibt es ja viele obskure Wetten.

**Wolf Haas**  Das stimmt schon. Ich hätte auch keinen Verdacht geschöpft, wenn er von seiner eigenen Gegend das Wetter der vergangenen fünfzehn Jahre gewusst hätte. Wobei ich sagen muss, dass ich das schon grundsätzlich ganz wunderbar gefunden habe. Dass sich einer mit dem Wetter der Vergangenheit beschäftigt. Gerade das Wetter ist ja so ein Thema, wo uns immer nur zu interessieren hat, wie es morgen wird.

**Literaturbeilage** Immer tüchtig zukunftsorientiert.

**Wolf Haas** Aber wie war das Wetter gestern, oder vor fünfzehn Jahren? Das interessiert im Grunde kein Schwein. Außer um es mit der Gegenwart zu vergleichen. Also für Apokalypse-Freaks, dass alles untergeht und so. Oder es ist im Zusammenhang mit einem historischen Ereignis von Belang, die Temperaturen bei irgendeinem Feldzug oder die Schweißflecken, als Kennedy erschossen wurde.

**Literaturbeilage** Trotzdem. Die Leidenschaft für das vergangene Wetter allein war es noch nicht, was Ihr Interesse geweckt hat.

**Wolf Haas** Das allein hätte mich vielleicht begeistert. Aber eben nicht länger als – ein paar Minuten vielleicht. Eventuell solange die Sendung dauert, oder maximal bis zum nächsten Tag, wo man noch einmal mit wem darüber reden kann.

**Literaturbeilage** Entscheidend für Sie war, dass es ein östreichischer Urlaubsort war?

**Wolf Haas** Nein, das war mir völlig egal! Im Gegenteil. Diese Österreichthematik hängt mir schon von Wien bis Bregenz zum Hals heraus.

**Literaturbeilage** Wo liegt Bregenz?

**Wolf Haas** In der Schweiz.

**Literaturbeilage** Also was war dann für Sie das Entscheidende?

**Wolf Haas** Mich hat fasziniert, dass es der Urlaubsort seiner Kindheit war. Dazu muss ich sagen, dass ich selbst aus so einem Touristenkaff stamme. Ich kenne das so gut. Diese Liebesgeschichten, wenn man es so nennen darf, die sich zwischen Touristen und Einheimischen anbahnen. Besonders wenn jemand jedes Jahr in denselben Ort kommt. Die regelmäßige Wiederholung. Jeden Sommer ein paar Wochen. Das hat was Erotisches, das Warten, das Sehnen, das Träumen. Bei Kindern kommen dann noch die Entwicklungssprünge dazu, wenn man sich immer in so großen Abständen sieht.

**Literaturbeilage** Haben Sie gleich geahnt, dass eine Liebesgeschichte dahintersteckt? Bei der Sendung hat er darüber ja kein Wort verloren.

**Wolf Haas** Ich habe es gehofft, sagen wir so.

**Literaturbeilage** Haben Sie auch selbst schon mal so was erlebt?

**Wolf Haas** Leider nicht. Ich habe mich ja im Verdacht, dass ich gerade deshalb so auf diese Geschichte angesprungen bin. Aus Neid sozusagen. Oder als Kompensation, was weiß ich. Das ist ja schon eine wichtige Triebfeder fürs Bücherschreiben. Dass man selbst nichts erlebt.

**Literaturbeilage** Aber Sie waren dann ja ziemlich tatkräftig. Immerhin sind Sie gleich ins Ruhrgebiet gefahren, um den Mann zu treffen.

**Wolf Haas** Na ja, „gleich" ist übertrieben. Aber ich muss zugeben, für meine Verhältnisse war ich erstaunlich aktiv. Obwohl ich so etwas normalerweise ewig vor mir herschiebe, hab ich gleich am nächsten Morgen bei der ZDF-Redaktion angerufen. Im Nachhinein wundert mich wirklich, dass ich da schon so zielstrebig war. Wo ich noch gar nichts wusste!

**Literaturbeilage** Sie haben die romantische Geschichte gewittert.

**Wolf Haas**  Anders kann ich es mir eigentlich auch nicht erklären. Der Anruf beim ZDF war natürlich sinnlos.

**Literaturbeilage**  Da rufen wahrscheinlich viele an.

**Wolf Haas**  Die waren zwar freundlich, aber die Adresse haben sie natürlich nicht rausgerückt.

**Literaturbeilage**  Klar, Datenschutz.

**Wolf Haas**  Sie haben mir angeboten, dass sie dem Wettkönig Kowalski meine Telefonnummer weitergeben. Er ist ja sogar Wettkönig geworden an dem Abend. Vielleicht haben die das sogar getan und ihm die Nummer gemailt oder was. Ich war ja wahnsinnig charmant am Telefon.

**Literaturbeilage**  Aber er hat nicht zurückgerufen?

**Wolf Haas**  Seltsamerweise bin ich erst nach dem Anruf bei der Redakteurin auf das Naheliegendste verfallen.

**Literaturbeilage**  Sie haben ins Telefonbuch geguckt.

**Wolf Haas**  Genau! In letzter Zeit geht das ja alles viel leichter. Früher musste man zur Wiener Hauptpost rein und einen widerwilligen Beamten bitten, dass er einem ein Telefonbuch fürs Ruhrgebiet gibt. Oder die Dame bei der Telefonauskunft hat einen zur Schnecke gemacht. Mein Problem war ja auch, dass ich mich nicht genau erinnerte, aus welcher Stadt im Ruhrgebiet er war. Also war's jetzt Dortmund oder Bochum oder Gelsenkirchen? Sie dürfen nicht vergessen, dass das für mich als Österreicher alles irgendwie gleich klingt, das ist für uns ja einfach alles Ruhrpott.

**Literaturbeilage**  Für uns eigentlich auch.

**Wolf Haas**  Die Namen kennt man im Grunde nur von Fußballmannschaften.

**Literaturbeilage**  Sind Sie Fußballfan?

**Wolf Haas**  Eigentlich überhaupt nicht. Aber dadurch, dass Riemer so ein wahnsinniger Fan von Schalke 04 ist, hab ich da auch ein bisschen Feuer gefangen.

**Literaturbeilage** Riemer, das ist Wettkönig Kowalskis Freund und Arbeitskollege, den Sie dann als Erstes getroffen haben.

**Wolf Haas** Ja, also um das noch schnell zu beenden. Ich gebe einfach den Namen im Computertelefonbuch ein. In Österreich heißt die Netzadresse *www.etb.at*, also „etb" steht für elektronisches Telefonbuch.

**Literaturbeilage** Und was bedeutet „at"?

**Wolf Haas** Österreich. Austria.

**Literaturbeilage** Ach ja, klar. Ich bin doof.

**Wolf Haas** Mir ist es genauso gegangen. In Deutschland hatte ich noch nie gesucht. Und „etb" gibt's da nicht. Ich gebe also auf gut Glück *www.telefonbuch.de* ein, und –

**Literaturbeilage** Volltreffer beim ersten Versuch!

**Wolf Haas** Kowalski gibt es zwar jede Menge im Ruhrgebiet.

**Literaturbeilage** Ja klar, die Nachfahren der polnischen Bergarbeiter. Da heißt ja jeder ürgendwie Schimanski oder Kowalski.

**Wolf Haas** Zum Glück hat er so einen auffälligen Vornamen.

**Literaturbeilage** Sein Vorname kommt ja im ganzen Buch gar nicht vor. Dadurch, dass er selbst der Erzähler der Geschichte ist.

**Wolf Haas** Gottseidank! Mit einem Deutschen namens Vittorio hätte ich mir schon schwer getan. Erstens klingt es saublöd. Und zweitens hätte dann alles viel zu gut zusammengepasst.

**Literaturbeilage** Weil Anni einen italienischen Nachnamen hat.

**Wolf Haas** Ja, Bonati. Es gibt bei uns einige italienische Familiennamen, besonders in Westösterreich. Aber was ich damals nicht wusste: im Ruhrgebiet eben auch!

Weil es ja nicht nur polnische, sondern auch italienische Grubenarbeiter im Ruhrgebiet gegeben hat.

**Literaturbeilage** Allerdings erklärt sich damit nicht ein italienischer Vorname. Ich muss zugeben, Vittorio wäre mir im Roman auch etwas *too much* gewesen.

**Wolf Haas** Das war eben, weil seine Mutter vor der Hochzeit einen italienischen Familiennamen hatte. Aber ich vergesse den Namen immer, wie die früher geheißen hat.

**Literaturbeilage** Sie schreiben, dass sie sich ürgendwie als was Besseres gefühlt hat mit ihrem italienischen Namen gegenüber dem Kowalski ihres Mannes. Dass da so eine Rivalität lief zwischen den beiden. Sie sagt auch einmal zu Frau Bonati, sie würde sie um ihren Familiennamen beneiden.

**Wolf Haas** Jedenfalls hat sie ihren italienischen Namen bei der Hochzeit aufgegeben, und das musste eben dann der Sohn büßen.

**Literaturbeilage** Also ich finde Vittorio eigentlich sehr schön.

**Wolf Haas** Mir hat's jedenfalls sehr geholfen. Und ein paar Sekunden nachdem ich den Namen eingegeben hatte, hab ich Telefonnummer und Adresse von dem auf dem Bildschirm. Es war weder Bochum noch Dortmund noch Gelsenkirchen. Es war Essen Kupferdreh. An Essen hatte ich überhaupt nicht gedacht.

**Literaturbeilage** Na ja. Die haben auch keine gute Fußballmannschaft.

**Wolf Haas** Gibt's nicht so was wie Rot-Weiss Essen?

**Literaturbeilage** Da dürfen Sie mich nicht fragen. Aber ich glaub, die sind längst nur noch Kreisliga oder so.

**Wolf Haas** Jedenfalls ruf ich den an, und natürlich komme ich zum Anrufbeantworter. Aber es war eindeutig seine Stimme! Er hat so eine ganz eigene Stimme.

Ich finde ja, dass die Stimme unglaublich viel über den Charakter eines Menschen aussagt. Meistens mehr als das, was ein Mensch mit dieser Stimme sagt.

**Literaturbeilage** Kann ich mich jetzt gar nicht erinnern, dass das im Buch so rübergekommen ist mit seiner charakteristischen Stimme.

**Wolf Haas** Das kommt auch nicht vor. Das geht ja schlecht, wenn der Held seine Geschichte selbst erzählt.

**Literaturbeilage** Klar, da kann er nicht gut über seine eigene Stimme reflektieren.

**Wolf Haas** Aber vielleicht hätte ich es auch sonst weggelassen. Ich finde es sehr schwierig, eine Stimme zu beschreiben. Sehr extreme Stimmen kann man noch mit Worten charakterisieren, schrill, sonor et cetera. Darum haben Romanfiguren immer schrille oder sonore oder näselnde oder sonst irgendwie auffällige Stimmen, weil es Begriffe dafür gibt.

**Literaturbeilage** Fistelstimmen.

**Wolf Haas** Genau. Aber Herr Kowalski hat eine absolut durchschnittliche Stimmlage. Das wäre schwer, dem was anzudichten. Das Charakteristische ist eher sein Tonfall als seine Stimme an sich. Der Tonfall ist irgendwie, wie soll ich sagen.

**Literaturbeilage** Verklemmt?

**Wolf Haas** Würde ich nicht so hart sagen.

**Literaturbeilage** Gehemmt?

**Wolf Haas** Irgendwie irreal. Widersprüchlich in sich. Ich bin froh, dass ich das nicht im Buch rüberbringen musste. An so was kann man sich als Autor echt die Zähne ausbeißen.

**Literaturbeilage** Einen Tonfall hat das Buch selbst natürlich schon. Das Widersprüchliche hat sich mir schon sehr stark vermittelt. Für mich hatte das etwas von einer fast kindlichen Ernsthaftigkeit.

**Wolf Haas**  Das passt jedenfalls nicht schlecht für die Art, wie er seinen Anrufbeantworter besprochen hat. Als hätte er sich vorher noch seinen Konfirmationsanzug angezogen und sich frisch gekämmt, bevor er die Ansage gesprochen hat. „Dies ist der automatische Anrufbeantworter von Vittorio Kowalski. Leider kann ich Ihren Anruf nicht persönlich entgegennehmen. Wenn Sie mir Ihre Nummer hinterlassen, rufe ich Sie gern zurück."

**Literaturbeilage**  Sie können es auswendig.

**Wolf Haas**  Ich hab's ziemlich oft probiert. Aber nach zwei Wochen hab ich's eingesehen, dass das so nichts wird, und bin einfach auf gut Glück hinaufgefahren.

**Literaturbeilage**  Hinauf? Von Östreich ins Ruhrgebiet fährt man doch runter!

**Wolf Haas**  Bei uns geht das mehr nach der Landkarte. In den Norden fahren wir „hinauf", auch wenn's hinuntergeht.

**Literaturbeilage**  Na gut, Sie sind also nach Essen „hinaufgefahren".

**Wolf Haas**  So weit bin ich an einem Tag überhaupt noch nie mit dem Auto gefahren. Aber ich kann's wenigstens von der Steuer absetzen. Darum bin ich schon froh, dass die Hauptfigur meines Romans aus einer weit entfernten Gegend stammt.

**Literaturbeilage**  Die langen Autofahrten haben ja auch in Vittorio Kowalskis Leben und Lieben eine wichtige Rolle gespielt. Warum lachen Sie? Über mein pathetisches „Leben und Lieben"?

**Wolf Haas**  Entschuldigung, ich lache nicht über Sie. Sondern weil ich innerlich automatisch zum Dreifach-Jackpot aufgestockt habe: „Leben und Lieben und Leiden".

**Literaturbeilage**  Das passt doch auch. Gerade auf der Autobahn hat er als Kind viel gelitten.

**Wolf Haas** Das wusste ich da allerdings noch nicht. Für mich war die Fahrt ganz erträglich, ich musste sowieso mein neues Hörbuch Korrektur hören, und das mach ich im Auto am liebsten. Für ihn als Kind aber waren die langen Autofahrten ein Horror.

**Literaturbeilage** Ich finde, das sind mit die stärksten Stellen in Ihrem Roman. Diese quälend langen Urlaubsfahrten. Und wie sich eben für ein Kind die Zeit noch viel unendlicher und quälender dehnt als für einen Erwachsenen.

**Wolf Haas** Ich erinnere mich noch gut an seine Schilderungen. Wie er da Sommer für Sommer in den Urlaub gekarrt wurde. Das Auto vollgestopft bis auf den letzten Winkel. Und irgendwo auf der Rückbank zwischen Kühltaschen, Rucksäcken, Campingliegen der kleine Junge, der die Kilometer zählt.

**Literaturbeilage** Es ist würklich schrecklich, das zu lesen. Ich muss schon sagen, da wurden Erinnerungen wach!

**Wolf Haas** Haben Sie das auch gemacht? Kilometer runterzählen?

**Literaturbeilage** Das Zählen nicht. Aber diese Beklemmungen, diese unendlich langen Urlaubsfahrten in den Süden, daran kann ich mich noch gut erinnern. Und vorne die streitenden Eltern, genau wie Sie es bei den Kowalskis schildern. Der Blick auf die Hinterköpfe und schwitzenden Nacken der Eltern. Ich glaub, das ist ein kollektives Trauma einer ganzen Generation! Aber Kilometer runtergezählt wie Vittorio hab ich nicht unbedingt, also auf keinen Fall in dieser Besessenheit. Ich hab mich eher in Traumwelten geflüchtet.

**Wolf Haas** Jedes Kind entwickelt so seine eigene Überlebensstrategie. Bei ihm war's eben das Zählen. Das Umrechnen der Kilometer in Stunden und Minuten. Im

Lauf der Jahre sind seine Berechnungen so gut geworden, dass er oft schon auf der Höhe von Frankfurt die Ankunftszeit in Farmach auf zehn Minuten genau voraussagen konnte.

**Literaturbeilage** Wie heute in den Flugzeugen, wo einem die Computerbildschirme anzeigen: Noch fünf Stunden und 47 Minuten bis zur Landung auf dem „JFK".

**Wolf Haas** Für mich war das natürlich sehr reizvoll. An sich gibt's ja nichts Langweiligeres als so eine Urlaubsfahrt. Also für einen Romananfang ist das alles andere als ideal. Und durch das Runterzählen hat man dauernd das Gefühl, da kommt jetzt mal was. Und es kommt aber nichts! *(lacht)*

**Literaturbeilage** Man hat ja fast den Eindruck, dass er in der Hitze und in der quälenden Langeweile zu halluzinieren anfängt.

**Wolf Haas** Was meinen Sie jetzt?

**Literaturbeilage** Zum Beispiel die Luftmatratze hinten im Auto.

**Wolf Haas** Da wurde mir ja zum Teil vorgeworfen, ich hätte mich etwas zu sehr verkünstelt mit der Luftmatratze.

**Literaturbeilage** Ein Kritiker hat sogar gekalauert, Sie hätten diese Metapher etwas zu sehr aufgeblasen.

**Wolf Haas** Ja haha. Dabei ist's gar keine Metapher.

**Literaturbeilage** Ich hatte beim Lesen schon etwas den Eindruck, hier spricht nicht mehr unbedingt Herr Kowalski, der bis hierher so schön beflissen und ernsthaft erzählt hat. Also wie die Familie Jahr für Jahr immer wieder dieselbe Strecke „runterfährt". Immer wieder dieselben Stationen. Da leidet man ja würklich mit dem Kind mit! In der extremen Hitze! Aber bei der Luftmatratze wird's vielleicht eine Spur *too much*.

**Wolf Haas** Darum geht's doch! Ihm war es auch zu viel.

**Literaturbeilage** Aber man kriegt da beim Lesen das Gefühl, jetzt mischt sich der Autor ein und versucht, mir durch besonders kunstvolle Metaphorik zu vermitteln, wie eng und quälend es für den Jungen auf dem Rücksitz war. In den ersten Jahren war der doch noch ganz klein, die Wahrnehmung scheint ürgendwie zu raffiniert für einen kleinen Jungen.

**Wolf Haas** Ja sehen Sie, und genau das ist so ziemlich die einzige Stelle, die ich wortwörtlich von seinen Erzählungen übernommen habe. Es hat mir einfach so gut gefallen, wie erbittert er nach all den Jahren noch die Gepäckstücke aufgezählt hat, mit denen er seinen Platz in den verschiedenen Autos seines Vaters teilen musste. Also ganz am Anfang war das ja sogar noch ein alter VW Käfer, und dann ging's herauf, den üblichen Weg eben, Opel Kadett, VW Golf und so weiter.

**Literaturbeilage** Die Automarken haben Sie aber gar nicht erwähnt.

**Wolf Haas** Da hab ich lang herumgeschissen. Es gab natürlich Rohversionen, wo ich das alles drinnen hatte. Dann hab ich das aber alles rausgestrichen. Ich wollte verhindern, dass es so ein modisches Marken-Archäologiebuch wird. Mir ist das unsympathisch, dieser Hang der jungen Leute, die schon als Dreißigjährige auf ihr bisschen „damals" zurückblicken, und „Weißt du noch, welche Mode damals war", das ist doch lächerlich. Jedenfalls – wo war ich?

**Literaturbeilage** Luftmatratze.

**Wolf Haas** Ja, die Luftmatratzenstelle. Er hat mir eben erzählt, dass da seine zusammengepresste Luftmatratze ihren Stammplatz im Auto hatte, neben seinen Beinen, hinter die Rücklehne des Beifahrersitzes gestopft. Ich hab mich noch gewundert, warum er dabei das Gesicht so verzieht, als würde er gleich zu weinen anfangen. Aber das war eben der vorauseilende Gesichtsausdruck sozusagen, der sich erst erklärte, als er dann den bestialischen Gummigeruch der Luftmatratze beklagt hat. Damals hatten die noch keine Klimaanlage im Auto. Jetzt sag ich auch „damals", sehen Sie, das wollte ich eben nicht im Buch haben, diese Retro-Sentimentalität, dieses ewige „damals".

**Literaturbeilage** Keine Klimaanlage ist noch nicht unbedingt Retro-Kitsch.

**Wolf Haas** Klimaanlagen sind überhaupt so ein Thema für mich. Ich hab ja als Werbetexter für Mazda viel über Klimaanlagen geschrieben. Das ist mein Thema sozusagen. „Klimaanlage inklusive" war der große Hit damals.

**Literaturbeilage** „Damals"!

**Wolf Haas** Ja furchtbar! Jetzt fang ich auch schon so an. Jedenfalls war die Hitze im Auto schuld, dass die Luftmatratze fast geschmolzen ist –

**Literaturbeilage** Ich kann mir gut vorstellen, dass der Junge unter dem Gummigeruch litt. Aber „bestialischer Gummigestank"?

**Wolf Haas** Das waren seine Worte! Bestialischer Gummigestank! Und dieser zurückhaltende Herr Kowalski, das ist wahrlich niemand, der zu großen Worten greift, der sagt nicht „bestialisch", wenn er nur meint „ein bisschen unangenehm". Er muss wirklich gelitten haben unter dem Gestank. Ich könnte mir vorstellen, dass dieses Gummizeug in so einer kochenden Autozelle wirklich Dämpfe abgibt, die nicht ganz ungiftig sind.

**Literaturbeilage** Die Luftmatratze als solche ist natürlich auch so ein Gerät, das eine ganze Welt abruft.

**Wolf Haas** Ja eben. Das ist ein gefährliches Ding. Ich musste da dauernd streichen und mich einbremsen. Ich hab mich selber gewundert, wie aufdringlich die Dinger eigentlich sind. Allein dieser irre Gegensatz, was eine aufgepumpte Luftmatratze am See bedeutet, so herrlich, das Paddeln, die Sonne, das Wasser, die gute Luft, und was daraus wird, wenn sie einem im heißen, stinkenden Auto den Atem raubt.

**Literaturbeilage** Passagenweise würkt das ja fast wie so eine Sniffdroge.

**Wolf Haas** Ganz genau! Und dann sagt er auch noch, er hat sich als Kind immer vorgestellt, im Auto verwendet die Luftmatratze die ihr rechtmäßig zur Aufplusterung zustehende Luft, um diesen Geruch zu erzeugen. Also er hat das noch viel besser gesagt. Es hat in seiner Version wirklich so geklungen, als wäre die Luftmatratze ein krankes Lebewesen, ein verendender Organismus, der sich nicht ausdehnen darf. Die Luftmatratze braucht die ganze Luft zum Überleben ihres Krisenzustandes da hinter dem Beifahrersitz.

**Literaturbeilage** Hinter dem Beifahrersitz. Das betonen Sie auch im Buch so. Auf dem Beifahrersitz saß ja immer die Mutter.

**Wolf Haas** Ja, die hatte keinen Führerschein. Das hat mich auch immer gewundert, weil sie ja sonst eine sehr moderne Frau war.

**Literaturbeilage** Wahrscheinlich ihr Asthma!

**Wolf Haas** *(lacht)*

**Literaturbeilage** Der Vater dagegen war um einiges älter.

**Wolf Haas** Der ist schon auf die vierzig zugegangen, als Vittorio auf die Welt kam.

**Literaturbeilage** Ich wollte aber noch etwas dazu sagen, dass die zusammengepresste Luftmatratze hinter dem Beifahrersitz steckt. Wieso betonen Sie das im Buch so?

**Wolf Haas**  Na ja, das hat er mir so erzählt. Weil seine Mutter größer war als sein Vater. Ich fand das irgendwie ein interessantes Detail. Die Vorfahren des Vaters waren Bergmänner, Wettersteiger, die mussten klein sein. Die Mutter war jünger und größer.

**Literaturbeilage**  Obwohl sie von Italienern abstammt.

**Wolf Haas**  Ja seltsam. Aber sie war ja auch nicht gerade eine Riesin oder so. Nur eben groß genug, dass der Sohn hinter dem Fahrersitz mehr Platz hatte. Und deshalb war der Platz für die Luftmatratze eben hinter dem Beifahrersitz. Ich finde nicht, dass ich das so betone. Aber wieso betonen Sie das so, dass ich das angeblich so betone?

**Literaturbeilage**  Ich betone es nicht. Ich frage mich nur, wie sehr Sie hier die phallische Symbolik der Luftmatratze –

**Wolf Haas**  Wie bitte?

**Literaturbeilage**  Das drängt sich doch auf. Die Luftmatratze, die darunter leidet, dass sie sich nicht in ihrer ganzen Größe ausbreiten darf, weil sie hinter dem Muttersitz eingeklemmt ist.

**Wolf Haas**  Sie werden es nicht glauben. Mir wäre das nicht im Traum – also, das ist ja wirklich.

**Literaturbeilage**  Ja?

**Wolf Haas**  Für mich sind Luftmatratzen einfach irgendwie geile Geräte.

**Literaturbeilage**  Na ja, das ist jetzt nicht gerade das stärkste Gegenargument.

**Wolf Haas**  Nein, ich meine doch. Ich meine doch, Luftmatratzen sind irgendwie sinnliche Zeugen einer Zeit oder eines Milieus, ohne dass man gleich in diese totale Damals-gab's-noch-Afri-Cola-Sentimentalität verfällt. Auch weil sie sich vom Material her so interessant entwickelt haben im Lauf der Zeit. Von den richtigen Gummiluftmatratzen zu diesen immer dünneren, durchsichtigen Hightech-Häuten. Und in allererster Linie fand ich einfach, dass man da wirklich spürt, wie sehr das Kind bei der Anfahrt leidet. Dieses Zusammengepferchtsein, dieser betäubende Gestank. Dann lag beim Käfer auch noch der Tank vorne, da hat's die Benzindämpfe hereingetragen, das hat sich alles beim Kind hinten gestaut. Wie Gewitterwolken, die am Berg hängen bleiben, hat sich das alles vor der Heckscheibe zusammengebraut.

**Literaturbeilage** Ja, bei Kindern staut sich vieles.

**Wolf Haas** Ich hab einfach den Gegensatz schön gefunden. Dass man eigentlich in den Urlaub fahren will. Hinaus! In die Natur! Auf der Luftmatratze weit in den Waldsee hinauspaddeln.

**Literaturbeilage** Sie zitieren ja auch immer wieder die Mutter, die im Urlaub bei jeder Gelegenheit ausruft: „Ah, diese gute Luft!"

**Wolf Haas** Sie ist dauernd mit ihrem Asthma hausieren gegangen.

**Literaturbeilage** Ich war anfangs nicht sicher, ob das vielleicht nur ein Stilmittel des Autors ist, um den Kontrast zu betonen. Das Ruhrgebiet mit seiner dreckigen Luft und im Gegensatz die gute Bergluft.

**Wolf Haas** Nein nein, „die gute Luft", das ist schon Originalton Frau Kowalski. Die war überhaupt sehr, wie soll ich sagen? Sie hat sich gern Luft gemacht.

**Literaturbeilage** Aber meine Interpretation ist Ihnen zu psychoanalytisch.

**Wolf Haas** Nein, überhaupt nicht. Sie gefällt mir sogar irgendwie. Wenn's nicht grad mein Buch wäre!

**Literaturbeilage** Für mich war das nämlich beim Lesen ganz eindeutig. Ich dachte, jetzt winkt mir der Wolf Haas aber mit dem Zaunpfahl. Er schickt den

Jungen auf die Reise zu seinen ersten sexuellen Erfahrungen, und unterwegs meditiert der über die Luftmatratze, die sich nicht ausdehnen darf, und von vorne schiebt noch die Mutter den Beifahrersitz so weit zurück, dass die Luftmatratze ganz furchtbar eingeklemmt ist.

**Wolf Haas**  Oh Gott. Da muss ich passen. Das hört sich für mich so an, als würden Sie sagen: Luftmatratze, da besteht bestimmt auch ein Zusammenhang damit, dass Annis Vater an einer Stelle des Buches über Vittorios Mutter sagt, sie sieht aus wie eine Volksmatratze.

**Literaturbeilage**  Ja, wegen ihrer rot gefärbten Haare. Das ist mir erst beim zweiten Lesen aufgefallen, welche Brisanz diese Verunglimpfung hat angesichts der späteren Entwicklungen.

**Wolf Haas**  Da geht's mir aber mehr um die kulturellen Unterschiede. Um einen gewissen Entwicklungsvorsprung der deutschen Sommergäste gegenüber den Einheimischen. Also früher hat es da ja noch ziemliche Unterschiede gegeben.

**Literaturbeilage**  War das mehr Stadt–Land oder mehr Deutschland–Östreich?

**Wolf Haas**  Ich glaub, beides. Jedenfalls sind die auffällig gefärbten Haare ein typisches Beispiel. Modische Kleidung und so weiter, darin haben sich die Touristinnen von den einheimischen Frauen noch unterschieden zu der Zeit. Darum hab ich das reingenommen, wie der Bonati, der ja schon ein ziemlicher Prolo war, einmal zu seiner Frau sagt, Vittorios Mutter schaut mit ihren roten Haaren aus wie eine Volksmatratze.

**Literaturbeilage**  Natürlich nur hinter vorgehaltener Hand.

**Wolf Haas**  Dass Anni es gehört hat, war ein Betriebsunfall. Und sie musste ihrer Mutter hoch und heilig versprechen, dass sie es auf keinen Fall weitererzählt. Und Vittorio musste dann eben noch am selben Tag Anni hoch und heilig versprechen, dass er es auf keinen Fall seinen Eltern weitererzählt.

**Literaturbeilage** Der hat sich aber dran gehalten.

**Wolf Haas** Ja, der hat sich immer an alles gehalten.

**Literaturbeilage** Ich kann Sie beruhigen, mit dieser Verunglimpfung Frau Kowalskis als „Volksmatratze" hätte ich die Luftmatratzenstelle auch nicht in Zusammenhang gebracht.

**Wolf Haas** Da bin ich jetzt wirklich froh, dass ich die Luftmatratzenstelle im letzten Moment noch so zusammengestrichen habe. Weil da hatte ich ursprünglich noch viel geschrieben über die realen Waldbadszenen. Wie die Kinder eben mit der Luftmatratze hinausgepaddelt sind. Gegenseitiges Von-der-Luftmatratze-Drängen und so weiter, Luft rauslassen und die ganzen Albernheiten.

**Literaturbeilage** Schade, dass Sie das gestrichen haben. Da liegt doch auch viel kindliche Erotik drin ürgendwie. Vielleicht würde es weniger symbolistisch wirken, wenn etwas mehr Fleisch dran wär.

**Wolf Haas** Und auch das Vergehen der Jahre hatte ich in einer Rohversion über die Luftmatratze transportiert. Verschiedene Luftmatratzentypen. Wie er zum Beispiel eines Tages eine Doppelluftmatratze hatte. Die war sein ganzer Stolz! Ich hab seine Geschichte total witzig gefunden, wie er dann beim Rauspaddeln bemerkt hat, dass die Doppelluftmatratze nicht funktioniert.

**Literaturbeilage** Was heißt, sie funktioniert nicht.

**Wolf Haas** Also man liegt ja auf einer Luftmatratze auf dem Bauch, und links und rechts hängen die Arme ins Wasser. So kann man mit den Armen paddeln. Das war eine Geschichte, die mir sehr gefallen hat, wie Herr Kowalski mir erzählt hat, dass er so stolz war auf seine neue Doppelluftmatratze, aber beim ersten Versuch, mit ihr rauszupaddeln, bemerkt er, jetzt reichen die Hände seitlich nicht mehr ins Wasser, weil die zu breit ist! *(lacht)*

**Literaturbeilage** Im Ehebett funktioniert nichts mehr.

**Wolf Haas** Genau.

**Literaturbeilage** Warum haben Sie die Stelle dann gestrichen, wenn sie Ihnen so gefallen hat?

**Wolf Haas** Na eben deshalb, weil mir das zu symbolisch war. Die Doppelluftmatratze, die ganze Ehebettsymbolik, oder gar nicht Symbolik, einfach die ganz reale Möglichkeit, dass man da zu zweit drauf liegen kann und so weiter. Das wollte ich nicht so direkt drinnen haben. Zaunpfahl, wie Sie sagen. Und jetzt kommen Sie und sagen, schon die zusammengepferchte Einzelluftmatratze hätte das drinnen. Eigentlich gefällt mir das, wenn man als Autor solche Sachen übersieht. Und gerade weil man es vermeiden wollte, taucht es auf. Die kontrollierten Passagen sind sowieso immer die langweiligsten.

**Literaturbeilage** Schade, dass Sie das alles gestrichen haben. Ich hätte gern etwas mehr erfahren über diese Sommeridylle, in der die Kinder gemeinsam herangewachsen sind. Das erzählen Sie ja nur sehr knapp. Gerade mal die Schwäne im Waldsee, an die Anni und Vittorio regelmäßig die übrig gebliebenen Frühstücks-„Semmeln" verfüttern.

**Wolf Haas** Ja, das wird schnell kitschig. Aber man kann's natürlich auch übertreiben mit dem Streichen. Es gab eine Version, da hatte ich sogar die Sache mit dem Lastwagenschlauch gestrichen.

**Literaturbeilage** Annis Schwimmreifen? Das wäre jam-

merschade! Ich muss sagen, das ist eine der eindrucks-
vollsten Stellen im Buch. Wo man als Leserin so das
Gefühl mitnimmt, als hätte man's selbst erlebt. Als
wäre man selbst mit diesem schwarzen Lastwagenschlauch als Schwimmreifen über den Waldsee ge-
schwommen.

**Wolf Haas** Ja, eigentlich war es nicht richtig Annis
„Schwimmreifen" in dem Sinn. Also solange sie noch
nicht schwimmen konnte, wäre das als echte
Schwimmhilfe für eine Nichtschwimmerin zu gefährlich gewesen. Dafür ist ein Lastwagenschlauch ja viel
zu groß, da würde ein kleines Mädchen durchrutschen.
Und Anni ist immer so eine dünne Kaulquappe gewesen.

**Literaturbeilage** Das betonen Sie auch mehrmals, dass
Anni eine dünne Kaulquappe war. Dieser Ausdruck
hat's Ihnen angetan.

**Wolf Haas** Das ist nur, weil ihr Vater das immer zu ihr
gesagt hat. Dass sie so eine dürre Kaulquappe ist. Ich
glaub, das hat ihr gefallen, weil sie hat es mir selber ein
paarmal erzählt.

**Literaturbeilage** Auch, dass sie das Wort als Kind nicht
aussprechen konnte?

**Wolf Haas** Ja genau, Kwaulquappe.

**Literaturbeilage** Ist ja auch viel natürlicher ürgendwie.
Kwaulquappe.

**Wolf Haas** Find ich auch.

**Literaturbeilage** Jedenfalls wäre ihr der LKW-Reifen
zu groß gewesen.

**Wolf Haas** Viel zu groß! Als Schwimmreifen hat sie
einen normalen PKW-Schlauch verwendet. Ganz am
Anfang sogar einen Mopedschlauch. Also klein, aber
genauso schwarz. Nicht bunt und kindlich.

**Literaturbeilage** Die Luftmatratze stellt man sich natürlich automatisch gelb-blau vor, obwohl die Farbe im Buch gar nicht erwähnt wird. Hat man eigentlich als Autor bei der Covergestaltung was mitzureden?

**Wolf Haas** Nein. Aber ich finde das Cover sehr schön. Heute sind die meisten Buchcover ja so bunt wie Jogginganzüge. Da hab ich wirklich Glück gehabt.

**Literaturbeilage** Luftmatratzen sind heutzutage ja eigentlich auch viel schriller.

**Wolf Haas** In Wahrheit ist Vittorio mit der Zeit natürlich auch zu solchen übergegangen. Er hat fast jedes Jahr eine neue gehabt. Aber Annis Reifenschläuche waren immer schwarz. Modisch konstant wie die Anzüge der Pfarrer und Architekten. Ein nasser Gummi schaut ja besonders schwarz aus!

**Literaturbeilage** Mir fällt auf, dass Sie vorhin sagten, die Erinnerungen an die Sommer der Kindheit, das sei Ihnen zu kitschig. Den schwarzen Schwimmreifen konnten Sie offenbar besser aushalten als meinetwegen einen bunten Schwimmreifen oder gar Schwimmflügelchen.

**Wolf Haas** Na ja, das war einfach so, weil Annis Vater Lastwagenfahrer war. Der hat ihr eben diesen LKW-Schlauch gegeben. Das war kein Schwimmreifen mehr, das war ihr Boot. Ich hab das selbst auch als Kind oft gesehen. Wo ich herkomme, waren das eher Bauernkinder, die hatten zum Beispiel Traktorschläuche. Das waren irre Ungetüme. Seeungeheuer! Oder sogar von einem Bagger! Gewaltige Baggerschläuche! Da kann man als normales Konsumkind mit gekauften bunten Schwimmreifen oder Luftmatratzen einpacken.

**Literaturbeilage** Wie Vittorio.

**Wolf Haas** Und bei Anni war es natürlich noch einmal ganz was Spezielles. Weil sie den Schlauch von ihrem Vater hatte. Aus dem väterlichen LKW. Ein gewaltiges Ding, auf dem die Prinzessin über den See fuhr.

**Literaturbeilage**  Mich hat das an eine Kinderbuchillustration erinnert. Wie der kleine Däumling auf einem riesenhaften Lindenblatt über den See fährt.

**Wolf Haas**  Ja so ungefähr! Ein Riesending war das. Ein Mordstrum-Reifen vom Bonati-Laster. Nur gefährlich, dass man sich am Ventil den Bauch aufschlitzt!

**Literaturbeilage**  Ich denk mir gerade. Also ich versuche gerade, meine Sichtweise zu hinterfragen. Vielleicht war es doch richtig, diese Sommeridylle nur so knapp zu streifen. Ich kann bestätigen, dass einen beim Lesen sogar die wenigen Szenen davon überzeugen, dass Vittorio und Anni ürgendwie zusammengehören. Dass sie glücklich sind, wenn sie zusammen sind, und nicht so glücklich, wenn man sie trennt.

**Wolf Haas**  Ja klar, das ist eindeutig.

**Literaturbeilage**  Und man will es gar nicht akzeptieren, dass er dann plötzlich nicht mehr im Sommer zu ihr fährt. Dass er fünfzehn Jahre lang nicht mehr in ihr Dorf reist und auch sonst keinen Kontakt zu ihr hat!

**Wolf Haas**  Das tut einem schon weh. Es ist wirklich eine brutale Geschichte. Alles nur wegen dem blöden Unglück eigentlich.

**Literaturbeilage**  So eine Vergeudung!

**Wolf Haas**  Aber nach den fünfzehn Jahren fährt er dann ja eh wieder hinunter.

**Literaturbeilage**  Sonst säßen wir jetzt nicht hier, um darüber zu sprechen.

**Wolf Haas**  Genau. Sonst wär's kein Film. Wie meine Tante Sefa beim Fernsehen immer gesagt hat, wenn wir uns über irgendwelche Schmusfilme lustig gemacht haben.

**Literaturbeilage**  Sonst wär's kein Film, richtig. Wenn Vittorio nicht zwei Wochen nach seinem Auftritt bei *Wetten, dass..?* die Postkarte aus seinem Urlaubsort bekommen hätte und noch am selben Tag runtergefahren wäre.

**Wolf Haas** Für mich war das natürlich zuerst einmal bitter. Dass ich ihn deshalb um genau einen Tag verpasst habe. Ich glaub sogar, dass wir uns auf der Autobahn gekreuzt haben. Und als ich bei ihm vor der Tür gestanden bin, ist er gerade zum ersten Mal seit fünfzehn Jahren in Farmach angekommen.

**Literaturbeilage** Herr Haas, darüber sprechen wir morgen.

# Zweiter Tag

**Literaturbeilage** Herr Haas, Ihre lange Autofahrt von Wien ins Ruhrgebiet hatte erst mal ein enttäuschendes Ergebnis.

**Wolf Haas** Natürlich war ich zuerst enttäuscht, dass ich Kowalski nicht angetroffen habe. Aber im Nachhinein muss man sagen, für die Geschichte war es letzten Endes das Beste, was ich mir wünschen konnte.

**Literaturbeilage** Weil er zur selben Zeit, in der Sie rauffuhren, schon in die Gegenrichtung unterwegs war.

**Wolf Haas** Annis Ansichtskarte mit dem Bergpanorama, die er zwei Wochen nach der Sendung in seinem Briefkasten vorgefunden hat, war für ihn natürlich etwas interessanter als meine Anrufe.

**Literaturbeilage** Die Postkarte, die in Wahrheit von seinem Freund Riemer war.

**Wolf Haas** Ja, Riemer hat da ein bisschen Schicksal gespielt. Sein Freund hat ihm eben leidgetan. Und welche Katastrophe er damit auslöst, das hat er ja wirklich nicht ahnen können.

**Literaturbeilage** Ich sehe schon, wir müssen doch zumindest kurz bei dem bleiben, was Sie im Ruhrgebiet erlebt haben. Sie haben ja mal so nebenbei gesagt, Ruhrgebiet, das wäre ein eigener Roman.

**Wolf Haas** Ach, das war nur so hingesagt. Es stimmt schon, dass es mich während der Arbeit einmal kurz gereizt hätte, die zweite Hälfte der Geschichte, also den ganzen Gegenwartsteil, einfach ins Ruhrgebiet zu verlagern. Also dass Anni nach der Sendung zu ihm rauffährt statt er zu ihr runter. Das war natürlich nicht möglich, das wäre ja ein vollkommen anderes Buch geworden. Aber der Reiz wäre eben in der Symmetrie gelegen, dass man auch die Gegenbewegung drinnen hätte.

**Literaturbeilage** Fünfzehn Jahre fährt der eine runter, jetzt fährt sie rauf.

**Wolf Haas** Auch weil es immer diese Gegenden gibt, in die man fährt. Man reist immer von England nach Spanien, immer von München nach Venedig, immer vom Ruhrgebiet nach Österreich, nie umgekehrt. Das wäre natürlich schon reizvoll gewesen, das einmal umgekehrt zu schreiben. Ein österreichischer Tourist im Ruhrgebiet sozusagen. Aber das konnte ich nicht machen. Anni ist ja nicht hinaufgefahren. Sie war ja bis heut noch nicht oben!

**Literaturbeilage** Was? Das ist unglaublich! Nach der ganzen Geschichte!

**Wolf Haas** Ja, die ist nicht sehr rührselig.

**Literaturbeilage** Das klingt würklich ziemlich *tough*. Nach so einer Geschichte!

**Wolf Haas** Aber im Nachhinein bin ich auch froh, dass ich das nicht umdrehen konnte. Letztlich finde ich auch für das Buch so eine eindeutige Richtung viel spannender als irgend so einen Himmelsrichtungspluralismus. Ich sag ja immer, bei der Symmetrie fängt das Kunsthandwerk an. Stattdessen geht jetzt alles nur in eine Richtung, runter runter runter. Wie im wirklichen Leben!

**Literaturbeilage** Sie hingegen sind raufgefahren.

**Wolf Haas** Ja eben, und es war wirklich aufregend für mich.

**Literaturbeilage** Wie haben Sie denn überhaupt nach ihm gesucht?

**Wolf Haas** Ich hab noch in Wien herausgefunden, wo er arbeitet, das ist ja heute mit *google* alles wirklich schon fast gespenstisch einfach.

**Literaturbeilage** Hab ich natürlich vor unserem Treffen auch gemacht. Ich weiß über Sie auch –

**Wolf Haas** – alles.

**Literaturbeilage** „Alles" würde ich nicht sagen, aber man findet schon viel.

**Wolf Haas** Ich über Sie allerdings auch.

**Literaturbeilage** Was? Würklich? Aber da gibt's doch nichts.

**Wolf Haas** Da gibt's sogar jede Menge. Zum Beispiel Marathonergebnisse.

**Literaturbeilage** Oh Gott, das war nur so'n Fun-Marathon.

**Wolf Haas** Bei Herrn Kowalski war es aber wirklich reines Glück, dass in *google* überhaupt was über seine Arbeit zu finden war. Er hatte mit der Öffentlichkeitsarbeit im Grunde nichts zu tun. Er und sein Freund Riemer haben sich das in der Firma ziemlich strikt aufgeteilt. Kowalski war sozusagen für die „richtige Arbeit" zuständig, für die trockene Ingenieursarbeit. Wenn es wirklich was zu rechnen und zu belegen gab, das hat alles er erledigt. Und Riemer hat in den letzten Jahren ausschließlich die Öffentlichkeitsarbeit gemacht.

**Literaturbeilage** Über Riemer haben Sie im Internet mehr gefunden.

**Wolf Haas** Von Riemers Existenz hatte ich da ja noch keine Ahnung. Über Riemer hätte ich Hunderte von Artikeln finden können. Über seine Auseinandersetzungen mit der Bürgerinitiative Bodenlos steht ja immer wieder einmal was in der lokalen Presse. Das hab ich dann später auch alles gefunden. Ich hatte ja, bevor ich raufgefahren bin, noch gar keine Ahnung von der ganzen Problematik mit den aufgelassenen Schächten. Davon hört man bei uns ja nicht viel. Also in der *Neuen Ruhr Zeitung* oder so liest man da andauernd was drüber.

**Literaturbeilage** Über die Angst der Leute, dass sie beim Spaziergang vom schlecht verfüllten Schacht verschluckt werden.

**Wolf Haas** Aber in Österreich ist das natürlich kein großes Thema.

**Literaturbeilage** Obwohl ja interessanterweise gerade in Östreich vor ein paar Jahren so etwas passiert ist! Das kam sogar bei uns in der Tagesschau, wo die Häuser dieser kleinen Bergbaugemeinde in der Erde versunken sind. Lassnig?

**Wolf Haas** Lassing. Lassnig ist eine Malerin.

**Literaturbeilage** Lassing.

**Wolf Haas** Aber in der Dimension kann man das natürlich nicht einmal ansatzweise vergleichen. Das waren nur ein paar Häuser, die da versunken sind. Wenn ich an die Aufregung denke, in die das Unglück unser Land versetzt hat, da kann man sich das Bedrohungspotenzial für das Ruhrgebiet hochrechnen. Ich schätze, das Ruhrgebiet hat vielleicht fast so viele Einwohner wie ganz Österreich. Wenn die alle versinken, das wäre schon was.

**Literaturbeilage** Also Sie wussten eigentlich schon, als Sie rauffuhren, dass Herr Kowalski bei dieser IBR arbeitet?

**Wolf Haas** Ja. *Infrastrukturbereinigung Ruhrgebiet.* Das wusste ich eigentlich sogar schon von der Gottschalk-Sendung. Da hat er das erwähnt. Er hat sogar einen einstudierten Witz gemacht, der etwas schlapp rüberkam. Er arbeite im Abbau. Allerdings im Abbau von Zechen.

**Literaturbeilage** Also im Buch kam der Witz gut rüber. Ich hab gelacht.

**Wolf Haas** Da hat der Autor ein bisschen nachgeholfen.

**Literaturbeilage** Tja, das ist auch Ihr Job. Sag ich mal so. Das heißt also, Sie hatten schon eine ziemlich klare Vorstellung von seinem Alltag, als Sie rauffuhren.

**Wolf Haas** Eigentlich nicht. Zechenabbau. Viel hat mir das nicht gesagt. Ich muss auch zugeben, dass ich eine anachronistische Vorstellung vom Ruhrgebiet hatte. Zum Teil lag das einfach daran, dass man als Österreicher mit dem Ruhrgebiet nichts zu tun hat.

**Literaturbeilage** Sie dachten, da ist am Abend die weiße Wäsche schwarz, die morgens zum Trocknen auf die Leine gehängt wurde.

**Wolf Haas** Also natürlich wusste ich, dass der ganze Bergbau dort mehr oder weniger stillgelegt ist. Aber wenn es keinen realen Kontakt gibt, dann sind die alten Bilder umso hartnäckiger. So ein suggestiver Begriff wie „Ruhrgebiet" erzeugt einfach gewisse Bilder. Und irgendwie war das doch – wider besseres Wissen – immer noch so eine Kohlen- und Rußvorstellung, so eine Grubenlampen- und Kumpelwelt, die in meinem Kopf abgerufen wurde, wenn ich das Wort „Ruhrgebiet" gehört habe. Oder „Ruhrpott" oder „Revier". Inzwischen weiß ich ja, dass die Bewohner diese Ausdrücke gar nicht unbedingt so verwenden.

**Literaturbeilage** So wie in San Francisco niemand „Frisco" sagt.

**Wolf Haas** So ungefähr. Oder ich kann zum Beispiel nicht jodeln.

**Literaturbeilage** Ach?

**Wolf Haas** Ich will damit nur sagen, man muss wahnsinnig aufpassen, dass man nicht aus der Ferne den dümmsten Klischees und Vereinfachungen aufsitzt. Ich war sogar versucht, ein Thema daraus zu machen, dass es auch unter Tage ein Wetter gibt. Also die ganze Grubenbewetterung. Die Wettertüren. Die Wettersteiger, also dass Vittorios Vorfahren über Generationen Wettersteiger waren. Dabei klingt das nur für mich als Österreicher irgendwie interessant und exotisch. Mit Vittorio Kowalskis Begeisterung für das Wetter im Urlaubsort seiner Kindheit hatte das natürlich überhaupt nichts zu tun.

**Literaturbeilage** Und wie war es dann für Sie, als Sie hinkamen?

**Wolf Haas** Na ja, mit der negativen Romantik war natürlich nichts. Autobahn und Nieselregen, das ist eigentlich meine Haupterinnerung.

**Literaturbeilage** Dafür wurde Ihre positiv-romantische Erwartung bezüglich der Liebesgeschichte –

**Wolf Haas** – ja, übererfüllt, muss man schon sagen.

**Literaturbeilage** Obwohl Sie Herrn Kowalski gar nicht angetroffen haben.

**Wolf Haas** Eigentlich die totale Niederlage. Nur ein Glück, dass dieser Spruch „Wer zu spät kommt, den bestraft das Leben" nicht stimmt. In meinem Fall war es nämlich ein Riesenvorteil. Weil sein Freund Riemer so ein extrovertierter Typ ist. Dieser freundliche Kerl war ein echter Glücksfall für mich.

**Literaturbeilage** Ich muss sagen, diesen Riemer fand ich nicht so rasend sympathisch.

**Wolf Haas** Das kann ich verstehen. Aber für mich war er natürlich ein Lotto-Sechser. Von Kowalski selbst hätte ich bestimmt nicht halb so viel erfahren wie von Riemer. Zwei gegensätzlichere Typen kann man sich kaum vorstellen. Natürlich ist Riemer – ich nehme an, dass Sie das gemeint haben – ein ziemlich penetranter Frauenheld.

**Literaturbeilage** Ein Schwerenöter. So kommt's im Buch eher rüber. Mit seinem Volkshochschulkurs *Ran an die Frau* und so weiter. Gibt's diesen Kurs würklich?

**Wolf Haas**  Ja klar. *Ran an die Frau* war allerdings früher. Den hab ich nur erwähnt, weil Riemer seinen Freund Kowalski überreden wollte, den Kurs auch einmal zu machen. Riemer hatte ja den Verdacht, dass sein Freund überhaupt noch nie was mit einer Frau gehabt hat.

**Literaturbeilage**  Von Anni wusste Riemer noch nichts?

**Wolf Haas**  So gut wie nichts. Riemer hat einfach durch seinen tagtäglichen Umgang mit Kowalski den Eindruck gewonnen, dass mit seinem Freund was nicht stimmt in der Hinsicht. Darum wollte er ihn unbedingt in *Ran an die Frau* schleppen. Er selbst war über *Ran an die Frau* längst hinaus. Der war schon seit Jahren auf den Italienischkurs abonniert.

**Literaturbeilage**  Wegen des Frauenüberschusses.

**Wolf Haas**  Das hat er eben in *Ran an die Frau* gelernt. Dass Männer immer die falschen Orte aufsuchen, wenn sie eine Frau kennen lernen wollen. Dass zum Beispiel in einem Italienischkurs viel mehr attraktive Frauen sitzen als meinetwegen in einem Bierlokal oder in einem Bruce-Willis-Film.

**Literaturbeilage**  Wie ich diesen Riemer einschätze, ist er bestimmt mächtig stolz auf seine Rolle in Ihrem Buch.

**Wolf Haas**  Erst letzte Woche hat er mich angerufen und erzählt, dass ihm das Buch ganz neue Verehrerinnenschichten erschlossen hat. Lachen Sie nicht, aber er nennt sie „die Intellektuellen"!

**Literaturbeilage**  Weil sie Ihr Buch gelesen haben.

**Wolf Haas**  Genau.

**Literaturbeilage**  Da kann man ja nur hoffen, dass er doch noch zu seinem ersehnten „Silbersternchen-Orgasmus" kommt. Dass Sie das streichen, kam wohl nicht in Frage für Sie?

**Wolf Haas** Ich fand seinen Ehrgeiz einfach witzig. Und auch, dass die gegensätzlichen Freunde sich in ihrer Hingabe doch wieder ähnelten. Der eine, der sich ausschließlich für das Wetter in einem fernen Dorf begeistert. Und der andere nur für –

**Literaturbeilage** – den Silbersternchen-Orgasmus.

**Wolf Haas** Na ja, darauf würde ich's jetzt nicht reduzieren. Der Begriff hat ja schon eine Funktion im Buch! Riemer hat eben irgendwann einmal in einer Zeitschrift von dieser Paradoxie gelesen, dass man sich an besonders intensive emotionale Erlebnisse im Nachhinein besonders schlecht erinnert. Das hat ihn sehr verunsichert.

**Literaturbeilage** Weil er sich an seine Samstagnacht-Abenteuer immer so gut erinnern konnte.

**Wolf Haas** Er hat seinem Freund Kowalski immer am Montag Vormittag im Büro alles brühwarm berichtet.

**Literaturbeilage** Bei der Gelegenheit hat er ja die Frauen mit Vorliebe nach Schulnoten bewertet.

**Wolf Haas** Nicht die Frauen! Eher die Erlebnisse. Also die erotische Intensität meinetwegen. Also auf gut Deutsch, den Sex hat er benotet.

**Literaturbeilage** Sehr sympathisch! Muss ich würklich sagen.

**Wolf Haas** Er hatte eben Angst, dass es eine Intensität geben könnte, die er gar nicht kennt. Eine Welt, zu der er keinen Zugang hat. Und das hat ihn daran erinnert, dass seine Grundschullehrerin für spezielle Leistungen, die sozusagen das Notensystem sprengten, nicht nur die Note Eins gegeben hat, sondern dazu noch ein Silbersternchen in das Heft klebte.

**Literaturbeilage** Hm.

**Wolf Haas** Na ja, ich hab das eher von der witzigen Seite betrachtet. Ein bisschen zwanghaft ist es natürlich schon.

**Literaturbeilage** Gut, um Riemer soll's hier nicht gehen. Sondern darum, welche Informationen er Ihnen über seinen spontan nach Östreich aufgebrochenen Freund gegeben hat. Außer dass er auf der Volkshochschule statt des empfohlenen Kurses *Ran an die Frau* jahrelang einen Kurs gegen das Erröten belegte.

**Wolf Haas** In erster Linie hat mich interessiert, wie es überhaupt zu seinem Auftritt bei *Wetten, dass..?* gekommen ist.

**Literaturbeilage** Im Roman kommt es ja so rüber, als wäre Riemer der eigentliche Initiator der Wette gewesen.

**Wolf Haas** Der eigentliche Initiator, oder besser gesagt, die eigentliche Initiatorin war die Schreibkraft Claudia. Das hat mir Riemer auch genau so gesagt! Sie war es, die Riemer auf die Idee gebracht hat. Aber die Schreibkraft Claudia hätte es von sich aus natürlich nicht gewagt, ihren Vorgesetzten im Alleingang beim ZDF anzumelden. Also hat sie es über Riemer eingefädelt.

**Literaturbeilage** Ja, so erzählen Sie es ja auch. Die Schreibkraft Claudia spielt allerdings alles in allem in Ihrem Buch keine sehr zentrale Rolle. Während man zuerst beim Lesen fast den Eindruck hat, dass Riemer die Hauptfigur des Romans ist. Anfangs glaubt man, Herr Kowalski erzählt uns die Geschichte seines Freundes Riemer. Haben Sie diesen Eindruck beabsichtigt?

**Wolf Haas** Ich muss zugeben, dass man da nicht unbedingt die Wahl hat. Ein Typ wie Riemer kann hinkommen, wo er will, und er erweckt den Eindruck, dass er die Hauptfigur ist.

**Literaturbeilage** Sie argumentieren, eine reale Figur hätte Ihnen keine Wahl gelassen? Da kommen mir doch einige sehr dezidierte Aussagen zu Ihren früheren Büchern in den Sinn, wo Sie sich stets von dem „naiven Realismus" distanzieren, der die meisten Krimis kennzeichne.

**Wolf Haas**  Das hab ich früher nur gesagt, weil ich zu faul zum Recherchieren war.

**Literaturbeilage**  Ach ne!

**Wolf Haas**  Ich finde es viel leichter, eine Geschichte zu erfinden. Wo man mit keinem reden muss. Darum hab ich gestern das mit meinem Anruf beim ZDF so betont. Das war mir eh nachher noch peinlich, dass ich damit so angegeben habe. Aber für mich hat das eben was Aufregendes, wenn ich einfach wo anrufe. Und dann bin ich auch noch hinaufgefahren!

**Literaturbeilage**  Das hört sich ja fast ein wenig nach Verhaltenstherapie an.

**Wolf Haas**  Ja, da hätte ich auch ein Silbersternchen verdient. Und am nächsten Tag hab ich schon Riemer in seinem Büro aufgestöbert.

**Literaturbeilage**  Die Reise des Herrn Haas in die Würklichkeit.

**Wolf Haas**  Das war mir da aber noch nicht bewusst. Am Anfang hab ich immer noch geglaubt, ich sammle nur ein bisschen Material. Und vielleicht kann ich aus Riemers Erzählungen einmal was machen.

**Literaturbeilage**  Wie hat Riemer denn auf Ihr Auftauchen überhaupt reagiert?

**Wolf Haas**  Sehr nett! Überhaupt die Leute im Ruhrgebiet. Da müsste man einmal unsere Tourismusnutten zur Schulung hinaufschicken, damit sie sehen, wie sich ein normaler Mensch benimmt. Wir haben uns dann noch am selben Tag in seinem Stammlokal getroffen.

**Literaturbeilage**  Und er hat Ihnen gleich alles brühwarm erzählt?

**Wolf Haas**  Nicht gleich alles auf einmal. Wir sind mehrere Abende hintereinander am Tresen gestanden. Nebenbei hat er ein paar Frauen angebraten.

**Literaturbeilage** Angebraten?

**Wolf Haas** Ja, also angemacht. Angebaggert. Bei uns sagt man „anbraten".

**Literaturbeilage** Na, da läuft einem ja das Wasser im Mund zusammen. Eigentlich sind Sie ihm wie gerufen gekommen, wo sein Freund Kowalski gerade weg war. Solche Typen brauchen doch immer einen Partner für ihre Anbrat-Rituale.

**Wolf Haas** Vielleicht hat das auch eine Rolle gespielt. Aber nebenbei hat er seinen Freund wirklich einfühlsam beschrieben. Das muss ich betonen, weil man das so einem Luftikus eigentlich gar nicht zutraut.

**Literaturbeilage** Ich muss sagen, das ist auch das Einzige, was diesen Riemer letztlich doch sympathisch erscheinen lässt. Dass er sich ausgerechnet den seltsamen Herrn Kowalski als Freund ausgesucht hat.

**Wolf Haas** Ich glaube, dass Sie Riemer sogar etwas zu hart beurteilen. Immerhin muss man sagen, ohne Riemer wäre es nie zu einem Wiedersehen mit Anni gekommen. Auch da war er wieder sehr einfühlsam. Kowalski hat ihm ja kaum was von Anni erzählt. Also höchstens marginal, dass er als Kind immer wieder in demselben Dorf in Österreich auf Urlaub war. Immer in derselben Frühstückspension. Da ist die Tochter der Zimmervermieter vielleicht ein paarmal vorgekommen. Das war's aber auch schon.

**Literaturbeilage** Aber Riemer hat sich's zusammengereimt.

**Wolf Haas** Eben! Da hat es wirklich jemanden gebraucht, der so fixiert ist wie Riemer. Er hat seinem schüchternen Freund einfach nicht geglaubt, dass er sich „einfach so" mit dem Wetter im Urlaubsort seiner

Kindheit beschäftigt. Für ihn war klar, da muss eine Frau dahinterstecken.

**Literaturbeilage** Obwohl er gar nicht wusste, dass sein Freund das Wetter seit einem ganz bestimmten Tag auswendig kennt. Seit dem Tag, an dem er Anni das letzte Mal gesehen hat.

**Wolf Haas** Ja, das muss man Riemer einfach lassen. Da hat der ein absolut feines Sensorium.

**Literaturbeilage** Wahrscheinlich auch im Kurs gelernt. *Ran an die Frau für Fortgeschrittene*. Frauen stehen auf einfühlsame Männer.

**Wolf Haas** Ich sehe schon, Sie mögen ihn einfach nicht.

**Literaturbeilage** Na gut, das ist ja würklich nicht die Frage. Ob ich den mag. Man kann aber zumindest sagen, dass Riemer nicht ganz uneigennützig war. Kowalski war der ideale Saturday-Night-Assistent sozusagen.

**Wolf Haas** Das stimmt schon. Zu zweit kommt man natürlich leichter ins Gespräch. Und mit Gesprächen über das Wetter war oft gerade Kowalski der Eisbrecher.

**Literaturbeilage** Im Buch schreiben Sie nicht „Eisbrecher", sondern „Dosenöffner".

**Wolf Haas** Na ja, der Schuhlöffel eben. Er war einfach gut darin, auf beiläufige Wetterbemerkungen der Frauen originelle Antworten zu geben. Also wenn jemand gesagt hat, heute ist es aber drückend oder irgend so was, da konnte er eben was dazu sagen. Und nicht den üblichen Männerscheiß, wie, was weiß ich.

**Literaturbeilage** „Ich würd dich auch gern drücken."

**Wolf Haas** Genau. Sondern eben meteorologische Sachen. Natürlich war es für Riemer günstig, dass sein Freund dann immer im richtigen Moment verschwunden ist. Sonst steht man sich oft gegenseitig im Weg.

**Literaturbeilage** Vittorio musste ja immer noch vor Mitternacht bei Frau Bachl anrufen, um die Wetterdaten zu erfahren.

**Wolf Haas** Ja. Er ist drauf gekommen, dass er sonst nicht gut schläft, wenn er nicht noch vorher bei Annis alter Nachbarin die Informationen über das aktuelle Wetter in Farmach eingeholt hat. Obwohl die Frau Bachl immer betont hat, er kann ruhig auch nach Mitternacht noch anrufen. Weil sie war ja schon so alt, dass sie sowieso nicht mehr geschlafen hat. Aber Mitternacht war für ihn doch die Grenze, danach hat er überhaupt nur ein- oder zweimal in äußersten Notfällen angerufen.

**Literaturbeilage** Frau Bachl möchte ich noch mal ganz extra besprechen. Die ist meine Lieblingsfigur.

**Wolf Haas** Wirklich? Meine auch! Obwohl sie ja fast gar nicht vorkommt.

**Literaturbeilage** Für Frau Bachl brauche ich mehr Zeit. Wie sie da immer auf ihrer roten Hausbank sitzt. Unterm Blumenbalkon. Und lächelnd zum Himmel raufguckt. Und ihre dritten Zähne reflektieren den Sonnenuntergang!

**Wolf Haas** Annis Vater hat immer gesagt: Die Bachl sitzt schon seit Erschaffung der Erde auf ihrer roten Hausbank und beobachtet das Wetter.

**Literaturbeilage** Ja, den Eindruck hat man auch würklich beim Lesen. Aber bleiben wir noch kurz bei den Vorteilen, die Riemer jahrelang aus Kowalskis Begleitung zog.

**Wolf Haas** Übers Wetter reden eben alle Frauen gern.

**Literaturbeilage** Na, das ist wieder so ein Satz, den hätte ich jetzt eher von Riemer erwartet.

**Wolf Haas** Oder die meisten Frauen. Viele Frauen.

**Literaturbeilage** Aber das richtige Schlaraffenland

brach für den Abstauber natürlich nach dem Auftritt bei *Wetten, dass..?* aus.

**Wolf Haas** Nach dem Auftritt wurde Herr Kowalski tatsächlich auf Schritt und Tritt angequatscht. Wie ein Popstar! Da hat Riemer natürlich abgesahnt.

**Literaturbeilage** Der neue Boom hat aber auch zu Konflikten zwischen den beiden geführt.

**Wolf Haas** Riemer hat sich geärgert, dass Kowalski nach der Sendung von Tag zu Tag unzugänglicher wurde. Wobei das eigentlich nicht so schwer zu verstehen war. In der Woche nach der Sendung ist er derart bestürmt worden von seinen Fans –

**Literaturbeilage** – größtenteils weiblichen Fans –

**Wolf Haas** – dass er eben ziemlich abweisend wurde. Ganz untypisch für ihn! Er ist ja eigentlich ein sehr freundlicher Mensch. Und Riemer wollte es nicht recht einsehen, dass sein Freund ausgerechnet jetzt so muffelig wird.

**Literaturbeilage** Herr Kowalski war eher ein Vertreter der Schule *Weg mit der Frau.*

**Wolf Haas** Überhaupt nicht! Er war einfach genervt, dass ihn alle mit derselben Frage anquatschen.

**Literaturbeilage** „Na, wie wird das Wetter morgen?"

**Wolf Haas** Ja, das ist natürlich schon bitter. Laut Riemer ist der höfliche Herr Kowalski teilweise richtig ausgezuckt. In der Zeit hat er auch erstmals diesen abfälligen Begriff „Wetter-Normalverbraucher" verwendet.

**Literaturbeilage** Mir ist aufgefallen, dass dieses „Wetter-Normalverbraucher" fast in jeder Buchbesprechung erwähnt wird. Damit scheinen Sie einen wunden Punkt getroffen zu haben.

**Wolf Haas** Irgendwie kann ich seinen Frust schon verstehen. Wenn man berühmt wird mit so einer schönen

Wette, also dass man sich als einziger Mensch mit dem vergangenen Wetter beschäftigt statt mit dem zukünftigen, und dann kommen die Leute erst recht wieder und quatschen einen auf offener Straße an mit dieser blöden Frage.

**Literaturbeilage**  „Na, wie wird das Wetter morgen?"

**Wolf Haas**  Ja, ist wirklich ein Witz, oder?

**Literaturbeilage**  Sein Ärger hatte allerdings in Wahrheit einen ganz anderen Grund. Er war frustriert, weil all die Frauen angekommen sind, nur die eine nicht, um die es ihm ging.

**Wolf Haas**  Na ja. Das stimmt nur zum Teil.

**Literaturbeilage**  Es muss doch furchtbar enttäuschend für ihn gewesen sein, dass die Frau, wegen der er aufgetreten ist, als Einzige nicht reagiert.

**Wolf Haas**  Jetzt sprechen Sie einen zentralen Punkt an. Das war eine entscheidende Frage für mich. Ich bin selbst erst nach und nach draufgekommen, dass er sich da eigentlich was vorgemacht hat. Er hat sich ja nie richtig eingestanden, dass seine Wetterleidenschaft was mit Anni zu tun hatte.

**Literaturbeilage**  Das kann doch wohl nicht sein.

**Wolf Haas**  Die Verbindung hat eigentlich nur Riemer hergestellt in seiner Fixiertheit. Kowalski selbst hat ja Anni wirklich im Lauf der Jahre auf gewisse Weise vergessen. Oder nicht gerade vergessen, aber doch –

**Literaturbeilage**  – aus den Augen verloren.

**Wolf Haas**  Man müsste Hegelianer sein. Das Wetter hat Anni aufgehoben!

**Literaturbeilage**  Sie sind ja würklich –

**Wolf Haas**  Im dreifachen Sinne! Temperatur, Luftdruck, Niederschlag.

**Literaturbeilage**  Sie amüsieren sich ja königlich.

**Wolf Haas**  Ich will damit nur sagen: Bewusst hat er

sich nur noch für das Wetter interessiert. Die Erinnerung an Anni ist immer mehr verblasst.

**Literaturbeilage** In Ihrem Buch steht ja auch der furchtbare Satz: „Kein Mensch ist auf die Dauer so interessant wie das Wetter."

**Wolf Haas** Find ich nicht so furchtbar. Also, ich glaub, das ist doch einfach eine Tatsache. Die meisten Menschen halten sich zwar selbst für interessant. Aber wenn man ehrlich ist.

**Literaturbeilage** Herr Kowalski hat das offenbar nicht ganz so zynisch gesehen wie Sie. Immerhin ist Anni für ihn sehr, sehr lange interessant geblieben.

**Wolf Haas** Aber gerade für ihn war das Wetter die Rettung. Das wäre ja sonst früher oder später doch sehr seltsam geworden. Er ist herangewachsen, er war, als er im Fernsehen aufgetreten ist, ein dreißigjähriger Mann, der kann ja nicht dauernd von einem fünfzehnjährigen Mädchen schwärmen. Das geht vielleicht in den ersten Jahren noch. Aber irgendwann wird's zur zur zur –

**Literaturbeilage** – Pädophilie.

**Wolf Haas** Na ja, nicht gerade Pädophilie. Sie waren ja de facto gleich alt. Die Erinnerung hat einfach immer weniger zu seiner Realität gepasst. So hat das Wetter im Lauf der Jahre den geliebten Menschen ersetzt.

**Literaturbeilage** Sie behaupten also allen Ernstes, dass er zuletzt gar nicht mehr an Anni gedacht hat.

**Wolf Haas** Natürlich kann man fragen, warum ausgerechnet das Wetter in ihrem Ort. Er hat zum Beispiel absolut keine Ahnung, wie das Wetter in seiner Heimat eigentlich ist. Da sagt er nur ziemlich pauschal, das Wetter im Ruhrgebiet sei „langweilig".

**Literaturbeilage** Na gut, das stimmt aber auch. Die haben da ja würklich das ganze Jahr die gleiche Suppe. Das kann man nicht mit dem Alpenwetter vergleichen.

**Wolf Haas** Kann schon sein. Ich muss zugeben, mich interessiert das Wetter auch nicht besonders. Ich merke immer nur, dass schlechtes Wetter ist, wenn meine Freundin spinnt.

**Literaturbeilage** Sie schreiben ein Buch über das Wetter, mit einem Wetterexperten als Hauptfigur, und beide, weder Autor noch Protagonist, interessieren sich für das Wetter.

**Wolf Haas** *(lacht)* Ja, das ist ein Problem. Für mich war es wirklich eine lästige Arbeit, bis ich da reingefunden habe. In dieses Wettervokabular. In diese Adria-Tiefs und Biskaya-Hochs.

**Literaturbeilage** Umgekehrt.

**Wolf Haas** Na sehen Sie.

**Literaturbeilage** Aber ich denke mal, beim Schreiben kann man daraus ja auch eine Pointe machen, dass es eben nicht alle so gut wissen wie Herr Kowalski.

**Wolf Haas** Ja schon, aber die Pointe, dass es einer falsch sagt, kann man als Autor auch nur machen, wenn man es selber weiß.

**Literaturbeilage** Das ist klar. Dem Buch merkt man das jedenfalls nicht mehr an, dass Sie da Probleme hatten. Oder vielleicht merkt man es doch. Jetzt, wo Sie das sagen. Sie haben vielleicht eine Spur zu viel von Ihrem hart erworbenen Wissen hineingepackt. Ich interessiere mich persönlich schon etwas für das Wetter, im Gegensatz zu Herrn Kowalski und Ihnen. Aber diese Detailfülle war mir beim Lesen schon manchmal ein bisschen *too much*.

**Wolf Haas** Ist schon möglich, dass man das übertreibt, gerade weil man sich eigentlich nicht wirklich interessiert. Das kann einem als Autor leicht passieren. Dort, wo man wirklich Experte ist, hat man eher einmal die Gelassenheit, das alles wegzulassen oder in ein, zwei Zeilen abzuhandeln.

**Literaturbeilage** Ach deshalb ist die eigentliche Liebesgeschichte so knapp ausgefallen!

**Wolf Haas** Ja haha. Weil ich da so ein Experte bin.

**Literaturbeilage** Über das Wetter schreiben Sie jedenfalls wesentlich detaillierter als über die eigentliche Liebesgeschichte.

**Wolf Haas** Bei ihm lässt sich das eben so schwer trennen. Sein Gefühlsleben war immer extrem mit dem Wetter verwoben. Das hat ihm ja immer so viele Probleme beschert!

**Literaturbeilage** Das ist beim Lesen anfangs etwas irritierend, dass sein Liebesleben nicht nur in Bezug auf Anni mit dem Wetter verknüpft war.

**Wolf Haas** Na ja. Liebesleben ist gut. Im Nachhinein wundert man sich ja fast, oder ich hab mich jedenfalls immer darüber gewundert, dass er überhaupt versuchte, sozusagen ein ordnungsgemäßes Sexualleben zu etablieren. Er hätte doch sagen können, mich interessiert das Ganze nicht, mich interessiert nur das Wetter im Urlaubsort meiner Kindheit und aus.

**Literaturbeilage** Stattdessen hat er mehrmals richtige Beziehungen mit Frauen angebahnt.

**Wolf Haas** Er hat sich wirklich Mühe gegeben. Das ganze Kinogehen und Essengehen und Wohnunggehen und Kerzenlicht und Musik und Drinks, das hat der alles durchlaufen. Nur im entscheidenden Moment ist es eben immer mit ihm durchgegangen.

**Literaturbeilage** Und er hat angefangen, über das Wetter zu reden.

**Wolf Haas** Über das längst vergangene.

**Literaturbeilage** In Annis Dorf.

**Wolf Haas** Und zwar im unmöglichsten Moment! Am Anfang war's ihnen noch recht. Das war ja in der Kennenlernphase immer sein Bonus. Ein sensibler Mann, mit dem man über das Wetter reden kann, und so weiter.

**Literaturbeilage** Obwohl ihn das ja nicht interessiert hat auf dem Normalverbraucher-Level.

**Wolf Haas** Da hat er wirklich Kompromisse gemacht! Er hat sich überwunden! Das wundert mich im Nachhinein am meisten. Dass er sich doch so verbogen hat.

**Literaturbeilage** Er hat eben gewusst, dass etwas mit ihm nicht stimmt. Zumindest nach landläufiger Meinung. Es gibt einfach in unserer Gesellschaft diesen Normalitätsdruck.

**Wolf Haas** Darum hat er sich – also zumindest in der Zeit vor dem TV-Auftritt – bereitwillig auf Wetter-Normalverbraucherniveau unterhalten, und natürlich konnte er besser über das Wetter reden als normale Männer.

**Literaturbeilage** Im Buch betont Kowalski, dass er sogar bereit war, über „weiche Themen" zu sprechen.

**Wolf Haas** Ja Wetterfühligkeit. Biowetter und so weiter. Das war natürlich Thema Nummer eins bei den Wetter-Normalverbraucherinnen. Da ist er nicht drum herumgekommen, das hat er irgendwann eingesehen. Wetterfühligkeit ist ja wirklich ein unerschöpfliches Thema.

**Literaturbeilage** Das ist herrlich, welche Formen er da aufzählt. Von der „allgemeinen Wetterempfindlichkeit" bis hin zur „echten Vorfühligkeit".

**Wolf Haas** Ja, Vorfühligkeit ist schon ein Superwort, find ich auch. Ich hab den ersten Liebesroman geschrieben, in dem das Wort „Vorfühligkeit" vorkommt.

**Literaturbeilage** Das kann Ihnen niemand mehr nehmen.

**Wolf Haas** Mit ihren Hauptsymptomen wie Müdigkeit, Abgespanntheit, Schlafstörungen, Konzentrationsschwächen, Knochenbruchschmerzen, Schwindelanfällen, Narben- und Phantomschmerzen und Atemnot.

**Literaturbeilage** Auf die Gefahr hin, dass ich mich jetzt als Wetter-Normalverbraucherin oute. Aber ich fand das sehr schön mit den tierischen Wetterboten.

**Wolf Haas** Manche mögen auch die Bauernregeln besonders, gereimt und ungereimt, Siebenschläfertag, dann Mondeinflüsse und eben tierische Wetterboten, Schwalben, Spinnen, Bienen, Frösche, Ameisen und Schnecken.

**Literaturbeilage** Nur die Stechmücken hat er gefürchtet.

**Wolf Haas** Die Stechmücken waren natürlich ein gefährliches Thema für ihn. Weil sie ihn sozusagen schnurstracks auf die schiefe Bahn brachten.

**Literaturbeilage** Auf die schiefe Bahn Richtung Wetter vor fünfzehn Jahren in Annis Heimat.

**Wolf Haas** Eben. Werden die Stechmücken statt bei Sonnenuntergang schon am Nachmittag aggressiv, kommt ein Gewitter. Das hatte für ihn natürlich eine andere Bedeutung als irgendwelche Schnecken, die den Grashalm hinaufklettern. Oder meinetwegen Ameisen, die ihre Brut in den Bau tragen.

**Literaturbeilage** Aber wenn es nicht die Stechmücken waren, dann war's eben was anderes, das ihn entgleisen ließ.

**Wolf Haas** Ja genau. Je näher eine Frau ihm kam, umso größer die Gefahr, dass er keine Grenze mehr gekannt hat.

**Literaturbeilage** Insofern ja doch wieder ein ganz normaler Mann.

**Wolf Haas** Wenn dann um zwei, drei Uhr früh einfach nach den mitteleuropäischen Spielregeln die üblichen

Handgriffe fällig gewesen wären, hat er stattdessen angefangen, wirklich *Wetter* zu reden. Also nicht Wetter morgen oder Sieben-Tage-Prognose, nicht Wetterfühligkeit und so weiter. Sondern eben –

**Literaturbeilage** – Wetter vor fünfzehn Jahren.

**Wolf Haas** Genau. Oder auch zuerst einmal nur Wetter vor acht, neun Jahren, er hat sich schon ein bisschen vorgetastet. So war's auch wieder nicht, dass er sofort mit „vor fünfzehn Jahren" losgelegt hat.

**Literaturbeilage** Aber immer nur das Wetter im Urlaubsort seiner Kindheit.

**Wolf Haas** Da war's natürlich vorbei mit der Romantik. Oder vielleicht – eine Zeit lang hat ihm die eine oder andere noch fasziniert zugehört. Ein interessanter Mann und so. Da existieren ja Vorstellungen bei gewissen Frauen, dass es das gibt. Aber irgendwann hat sich der Vorzug in einen massiven Nachteil verwandelt. Und dann war er nicht mehr der sensible Mann, mit dem man sogar über das Wetter reden konnte, sondern früher oder später ist dann immer der gefürchtete Satz gefallen.

**Literaturbeilage** „Mann, mit dir kann man ja würklich nur über das Wetter reden!"

**Wolf Haas** Genau. Mit dir kann man ja wirklich nur über das Wetter reden.

**Literaturbeilage** Dieser Satz tut einem beim Lesen richtig weh. Mitten in der romantischen Stimmung. Mit dir kann man ja würklich nur über das Wetter reden. Sie ersparen es dem Leser ja auch nicht, dass der Satz gleich mehrmals Eingang in das Buch findet.

**Wolf Haas** Ich fürchte, er musste ihn sich auch mehr als einmal unter die Nase reiben lassen.

**Literaturbeilage** Aber nicht alle Frauen waren so brutal zu ihm.

**Wolf Haas** Von „brutal" rede ich überhaupt nicht. Von dieser Perspektive „Die Frauen sind schuld" bin ich wirklich weit entfernt. Also weil sie nicht genug Verständnis hatten oder so. Das kann man meinem Buch sicher nicht unterstellen.

**Literaturbeilage** Wolf Haas, der große Frauenversteher.

**Wolf Haas** Die ganze Diskussion, die sich da rund um meine angebliche Darstellung von Anni entzündet hat, da muss ich sagen, meinetwegen. Da kann man mir das eine oder andere unterstellen. Ich finde es zwar ziemlich blöd, was mir da alles nachgesagt wurde, aber bitte, zumindest kann ich grundsätzlich nachvollziehen, wie es zu diesen Vorwürfen kommt.

**Literaturbeilage** Weil Sie alles nur aus der Sicht des Mannes schildern.

**Wolf Haas** Das ist zwar der größte Schwachsinn, den man über ein Buch sagen kann. Als wäre die pseudo-demokratische Ausgewogenheit eines Autors, der vorgibt, alle Perspektiven zu verstehen, nicht die größte Anbiederung.

**Literaturbeilage** Gut, dazu können wir später noch kommen, wenn es um Anni geht.

**Wolf Haas** Die Frauen jedenfalls, die Herrn Kowalski mitten in der Nacht zum Teufel geschickt haben, die kann ich gut verstehen. Es hat was Beleidigendes, wenn einem Mann in so einer Situation nichts Besseres einfällt, als übers Wetter zu reden.

**Literaturbeilage** Letzten Endes ist es ja durch so eine Situation auch zu seinem Auftritt bei Gottschalk gekommen.

**Wolf Haas** Wie gesagt, einige Frauen haben mit mehr Verständnis und Geduld reagiert, als man das beim besten Willen erwarten kann. Richtig böse sind die wenigsten geworden. Die meisten haben ihn einfach reden lassen und in einem günstigen Augenblick sozusagen sanft zur Tür hinausgeschoben.

**Literaturbeilage** Aber die Schreibkraft Claudia war richtig begeistert von seiner Leidenschaft!

**Wolf Haas** Ja, sie war, wie Riemer das genannt hat, „auch mehr der romantische Typ".

**Literaturbeilage** Wie sein Freund Kowalski.

**Wolf Haas** Darum wollte Riemer die beiden ja zusammenbringen. Auch weil er gesehen hat, dass sein Freund langsam, aber sicher in eine Krise schlittert. All diese Erlebnisse sind ja nicht spurlos an ihm vorübergegangen. Das ganze „Mit dir kann man ja wirklich nur über das Wetter reden".

**Literaturbeilage** Und die Schreibkraft Claudia war dann auch tatsächlich die Erste, die anders reagierte.

**Wolf Haas** Sie ist eben auch eher der Typ, der mehr an romantischen Geschichten interessiert ist als an eigenen Erlebnissen.

**Literaturbeilage** In dieser Hinsicht hätten sie ja würklich zusammengepasst.

**Wolf Haas** Vielleicht. Aber die ist ja zwanzig Jahre jünger als ich.

**Literaturbeilage** Nein, ich meinte: Herr Kowalski und die Schreibkraft Claudia hätten zusammengepasst.

**Wolf Haas** Ja, die beiden! Auf alle Fälle! Und die Schreibkraft Claudia hat ihn ja wirklich sehr gemocht, darum hat Riemer auch versucht, da irgendwie nachzuhelfen.

**Literaturbeilage** Das Besondere an Claudias Reaktion war aber doch, dass sie seinen Wetterbericht nicht als persönliche Kränkung aufgefasst hat.

**Wolf Haas** Das muss man ihr hoch anrechnen. Vielleicht hat geholfen, dass sie ihn aus der Firma gut kannte. Sie wusste einfach, dass der Herr Kowalski das Gegenteil von jemandem ist, der andere Leute niederredet. Das ist ein absolut zurückhaltender, oder man muss es nicht so wertend sagen –

**Literaturbeilage** Ist „zurückhaltend" wertend?

**Wolf Haas** Jedenfalls einfach ein ruhigerer Mensch. Nicht so ein Redhaus.

**Literaturbeilage** Redhaus?

**Wolf Haas** Ja Quasselstrippe.

**Literaturbeilage** Er ist wohl eher das Gegenteil von einem Redhaus.

**Wolf Haas** Also so der Superschweiger ist der aber auch nicht. Eigentlich ganz normal.

**Literaturbeilage** Solange er nicht über das Wetter vor fünfzehn Jahren zu reden anfängt.

**Wolf Haas** Oder über sonst einen lange vergangenen Tag in Farmach. Bis zum eigentlichen Wetter vor fünfzehn Jahren ist er ja überhaupt nur zwei- oder dreimal vorgedrungen –

**Literaturbeilage** In Ihrem Buch erinnert sich Kowalski, dass er bei der Schreibkraft Claudia wegen ihres überraschenden Interesses erstmals auch über den Einfluss der Vulkane auf das Wetter sprach. Stimmt das würklich, oder ging es Ihnen da vor allem um die Vorausdeutung auf das Unglück, das ihn in Farmach erwartete?

**Wolf Haas** Na ja, die Vulkane. Das haben Sie jetzt sehr hervorgehoben. Ich glaube nicht, dass das im Buch mehr als eine Nebenbemerkung ist.

**Literaturbeilage** Es heißt hier, die Schreibkraft Claudia sei die Erste, mit der er würklich über das Wetter reden kann.

**Wolf Haas** Wirklich *Wetter reden*.

**Literaturbeilage** Über diese Formulierung bin ich ja

beim Lesen am Anfang immer gestolpert. Dass man mit ihr würklich *Wetter reden* konnte.

**Wolf Haas**  Wie Tacheles reden. Wirklich *Wetter reden*.

**Literaturbeilage**  Die erste Frau, mit der man würklich *Wetter reden* kann, die nicht nur am Wetter von morgen interessiert ist, nicht nur an ihrer Wetterfühligkeit, sondern, wenn ich das mal so salopp zusammenfassen darf, an den letzten Dingen. Und er zählt auf, was er ihr alles sagen konnte. Das fängt an bei ürgendwelchen Wolkenverwandlungen und gipfelt in dem Satz: „Wie ein schwerer Vulkanausbruch sogar den Deckel zwischen Troposphäre und Stratosphäre hebt, die Wolken in die Stratosphäre hinaufpresst und so das Wetter über Kontinente hinweg beeinflusst."

**Wolf Haas**  Jetzt nageln Sie mich fest. Das kann ich jetzt wahrscheinlich nicht ganz bestreiten, dass da auch eine gewisse Vorausdeutung auf das Unglück drinnen liegt. Ich bin nur ein bisschen vorsichtig, weil ich den Lesern nicht aufs Aug drücken will, dass man dauernd solche versteckten Vorausdeutungs-Ostereier suchen muss.

**Literaturbeilage**  Na klar, sonst wird aus einem Buch ein blödes Rätsel, das man dechiffrieren muss.

**Wolf Haas**  Grundsätzlich geht es bei der Erwähnung der Vulkane ums Wetter. Darum beschreib ich das ja auch so genau, dass eben das Wetter in der Troposphäre stattfindet, weil in der Stratosphäre oben keine Wolken mehr sind. Außer ein Vulkan erzeugt so einen brutalen Aufwind, dass der Deckel, den die Stratosphäre auf die Troposphäre hält, aufgedrückt wird.

**Literaturbeilage**  Die Tropopause.

**Wolf Haas**  Das sollte so sachlich und unmetaphorisch wie möglich bleiben. Aber natürlich, wenn man den Schluss der Geschichte kennt, kann man da vermutlich schon ein gewisses Grummeln hören bei dem Gespräch über die Vulkane. Das würde mich dann auch nicht stören, wenn ein Leser sagen würde: Bei den Vulkanen, da hab ich's mir schon gedacht!

**Literaturbeilage** Also ich hab's mir da noch nicht gedacht.

**Wolf Haas** Dann passt's ja eh genau. Es soll nur ein bisschen anschieben sozusagen. Also gerade so, dass man sich's noch nicht denkt, dass man es aber doch irgendwie –

**Literaturbeilage** – spürt.

**Wolf Haas** *(lacht)*

**Literaturbeilage** Dazu kommen wir schon noch. Zu Ihrer sexistischen Kampfvokabel.

**Wolf Haas** Was meinen Sie jetzt? Annis Spürterror?

**Literaturbeilage** Dazu später. Bleiben wir noch kurz beim Vulkan. Auch zum unterdrückten Charakter Herrn Kowalskis könnte man Parallelen ziehen.

**Wolf Haas** Ich weiß nicht, ob ich den als unterdrückt bezeichnen würde. Also ich möchte das jetzt nicht so vulkanmäßig überinterpretieren. Ich muss zugeben, dass ich gerade deshalb den Satz über die Vulkane fast wieder gestrichen hätte, damit es dann nicht heißt, aha, unterdrückter Typ, und dann bricht's raus aus ihm und so weiter.

**Literaturbeilage** Aber Sie haben den Satz drin gelassen. Jetzt steht er drin.

**Wolf Haas** Ja schon, aber ich hab ihn extra so eingepackt, dass er nicht richtig zur Geltung kommt. Immerhin steht der Satz über die Vulkane, die den Deckel heben und die Wolken in die Stratosphäre hinaufdrücken – also, jetzt wo Sie das sagen, kommt mir das plötzlich auch als ziemlich plumpes Bild für Herrn Kowalskis Charakter –

**Literaturbeilage** Plump hab ich nicht gesagt.

**Wolf Haas** Jedenfalls – was wollte ich sagen? Immerhin steht der Satz über die Vulkane total im Schatten des entscheidenden Satzes, der direkt darauf folgt.

**Literaturbeilage** „Du musst unbedingt als Kandidat bei *Wetten, dass..?* antreten!"

**Wolf Haas** Man muss sich vorstellen, an der Stelle, wo ihm noch jede andere mit eingefrorener Miene reingedrückt hat: Mensch, mit dir kann man ja wirklich nur über das Wetter reden, sagt die Schreibkraft Claudia fasziniert „Du musst unbedingt als Kandidat bei *Wetten, dass..?* antreten!"

**Literaturbeilage** Und so ist es dann ja auch gekommen. Wie viel Zeit ist denn vergangen zwischen Claudias Plan, ihren Vorgesetzten bei *Wetten, dass..?* anzumelden –

**Wolf Haas** Das war dann schon mehr Riemers Plan.

**Literaturbeilage** – und seinem tatsächlichen Auftritt?

**Wolf Haas** Ziemlich genau ein halbes Jahr.

**Literaturbeilage** Seinen Auftritt bei Gottschalk haben Sie in vielen Details minuziös wiedergegeben, andere Showteile vor und nach seinem Auftritt radikal verändert. Das war für mich nicht ganz nachvollziehbar, nach welcher Regel Sie da verfahren sind.

**Wolf Haas** Ich glaub, ich hab eigentlich nicht so viel verändert. Nur den Auftritt von Phil Collins hab ich in diese Sendung gelegt. Phil Collins ist ja in Wahrheit schon eine Sendung früher bei *Wetten, dass..?* aufgetreten. Zuerst hab ich mich geärgert, dass mir Phil Collins so knapp entwischt ist. Ich weiß auch nicht genau, wieso ich gerade den unbedingt drinnen haben wollte.

**Literaturbeilage** Ich habe das als schönen Kontrast zu der schüchternen Leidenschaft Herrn Kowalskis gelesen, dieser Phil Collins, dem die falschen Gefühle so sonor aus der Kehle tropfen.

**Wolf Haas** Ja, find ich auch. Ich hab mir halt gedacht, den schreib ich einfach rein.

**Literaturbeilage** Haben Sie eigentlich nie Angst gehabt, dass Gottschalk etwas dagegen haben könnte, in Ihrem Roman aufzutauchen? Oder haben Sie sich da ürgendwie rechtlich abgesichert? Macht das der Verlag für einen Autor, wie darf man sich das vorstellen?

**Wolf Haas** In meinem Dialekt gibt es ein schönes Sprichwort, an das ich mich in Zweifelsfällen gern halte. „Wer lang fragt, geht lang irr."

**Literaturbeilage** Das muss ich mir merken.

**Wolf Haas** Aber im Ernst. Warum soll er mir was in den Weg legen? Ich hab ihm ja nichts angedichtet. Das ist fast ein protokollartiger Teil im Buch. Das Video hab ich übrigens von Riemer bekommen, der hat das aufgenommen. Ich glaub, das hab ich mir sicher hundertmal angeschaut. Und im Buch findet man an der Stelle eine ganz brave Beschreibung von dem, was eben im Fernsehen zu sehen war. Also wie Herr Kowalski auf die Bühne kommt und zu schwitzen anfängt, weil er viel zu warm angezogen ist. Wie Gottschalk ihn dem Publikum vorstellt, mit einem kurzen Wortspiel über die „Wetterwette" seine Wette erklärt und wie er relativ eilig zu den Fragen übergeht.

**Literaturbeilage** Wahrscheinlich war er zeitlich wieder mal im Verzug.

**Wolf Haas** Ja vermutlich. Das ewige Problem. Vielleicht auch, weil Herr Kowalski als Typ nicht viel hergegeben hat, das war ja kein schriller Kandidat irgendwie, sondern eher ein Langeweiler.

**Literaturbeilage** Sie gehen ja ganz schön respektlos mit Ihren Romanfiguren um.

**Wolf Haas** Ich spreche nur von seiner Fernsehwirkung. Wenn ich ihn wirklich für einen Langeweiler halten würde, hätte ich nicht ein Buch über ihn geschrieben. Oder eigentlich geht es genau um das Thema irgendwie. „Der letzte Langeweiler", das wäre vielleicht noch ein guter Titel gewesen. Jedenfalls. Lange Rede, kurzer Sinn, um auch einmal Kowalskis Lieblingsredewendung zu verwenden –

**Literaturbeilage** Lange Rede, kurzer Sinn? Das kommt aber im Buch nicht vor.

**Wolf Haas** Nur einmal, glaub ich. Wo er beschreibt, dass Anni zwischen zwei Sommern, also dass sie in den elf Monaten seiner Abwesenheit sozusagen von einem Mädchen zu einer Frau, also körperlich –

**Literaturbeilage** Ach ja richtig, die Busenstelle. Die war ja auch etwas –

**Wolf Haas** Jedenfalls, lange Rede, kurzer Sinn – jetzt wird mein kurzer Sinn auch schon wieder zu einer langen Rede.

**Literaturbeilage** Weil ich Sie unterbrochen habe.

**Wolf Haas** Das macht nichts.

**Literaturbeilage** Lange Rede, kurzer Sinn?

**Wolf Haas** Gottschalk hat gleich mit den Fragen losgelegt.

**Literaturbeilage** Fünf Fragen sind es in Ihrem Buch.

**Wolf Haas** Genau wie in echt. Von fünf Tagen aus den letzten fünfzehn Jahren musste er das Wetter in Farmach wissen. Und die ersten vier hat er wie aus der Pistole geschossen beantwortet. Das Publikum hat gejubelt!

**Literaturbeilage** Sie schreiben, er sei sogar gekränkt gewesen, dass Gottschalk ihn immer so schnell unterbrochen hat.

**Wolf Haas** Für den unbefangenen Fernsehzuschauer war das nicht zu erkennen. Aber wenn man es weiß, dann kann man's am Video deutlich sehen, dass er sich ärgert. Bei der ersten Frage hat Gottschalk ihn schon nach der Früh- und Tageshöchsttemperatur unterbrochen, und der Publikumsapplaus ist aufgebrandet. Da hatte Herr Kowalski für sein Gefühl noch gar nicht richtig losgelegt. Er hat sich dann bei den weiteren Fragen sogar ein bisschen zur Wehr gesetzt. Das fand ich beim wiederholten Ansehen des Bandes sehr raffiniert. Wie er absichtlich mit irgendwelchen unwichtigen Details angefangen hat. Also die zweite Frage war, glaube ich, irgendein Oktobertag.

**Literaturbeilage** Der zwölfte. Sie schreiben: „Damit er mich nicht wieder zu früh unterbrechen konnte, begann ich dieses Mal mit den weniger plakativen Werten."

**Wolf Haas** Da hat er angefangen mit Wolkenformationen, Wolkendichte und Strömungsrichtungen, Luftfeuchtigkeit und Windgeschwindigkeit, Bodenreif bereits auf tausenddreihundert Metern, bis Gottschalk ihn mit den Worten „Der Mann bringt mich in Verlegenheit, das hab ich ja gar nicht in meinen Unterlagen stehen" doch noch mehr oder weniger dazu gezwungen hat, mit Temperatur und Anzahl der Sonnenminuten herauszurücken.

**Literaturbeilage** Sie sagen zwar, es sei eine fast protokollhafte Wiedergabe dessen, was man auf dem Video sehen kann. Aber in der Ich-Erzählung kommt ja sehr viel Innenwelt hinzu. Man erfährt aus Ihrem Buch mindestens ebenso viel über seine Gefühle in der Situation auf der Bühne der Westfalenhalle wie über den realen Ablauf oder die äußeren Dialoge. Ist das rein dichterische Phantasie, oder sind hier viele Gespräche mit Herrn Kowalski eingeflossen?

**Wolf Haas** Das geht auf die Gespräche zurück. Aber ich hab da natürlich auch Sachen eingebaut, die er mir in anderem Zusammenhang erzählt hat, die aber hier besser reingepasst haben.

**Literaturbeilage** Was zum Beispiel?

**Wolf Haas** Keine Ahnung. Kleinigkeiten. Bei der eben erwähnten Stelle, wo er Gottschalk hingehalten und erst auf sein Drängen Temperatur und Sonnenminuten genannt hat, lasse ich ihn im Buch herablassend kommentieren: „Temperatur und Sonnenminuten, diese beiden Götzen der Wetter-Normalverbraucher."

**Literaturbeilage** Und das ist von Ihnen, nicht von ihm. Da muss ich sagen, das hab ich mir schon gedacht. „Götzen der Wetter-Normalverbraucher" ist ürgendwie zu schön formuliert.

**Wolf Haas** Es ist eigentlich schon von ihm. Also ich könnte jetzt nicht unbedingt meine Hand dafür ins Feuer legen, aber ich glaube, „diese beiden Götzen der Wetter-Normalverbraucher" ist entweder von ihm oder eventuell von Riemer. Jedenfalls sicher nicht von mir. Nur hat Herr Kowalski es in einem anderen Zusammenhang gesagt, gar nicht in Zusammenhang mit dieser Gottschalk-Frage, und er hat es auch nicht über Temperatur und Sonnenminuten gesagt, sondern über Temperatur und Niederschlag.

**Literaturbeilage** Ist ja auch viel logischer. Temperatur und Niederschlag sind ja die Götzen von uns Wetter-Normalverbrauchern. „Sonnenminuten" ist fast zu theoretisch ürgendwie.

**Wolf Haas** Genau. Eigentlich ist das an der Stelle etwas unlogisch, aber es hat mir sonst nirgends hineingepasst, und ich wollte auf den schönen Ausdruck eben nicht verzichten. Im Nachhinein denke ich mir, ich hätte es überhaupt weglassen können. Man hat manchmal auch als Autor seine Formulierungsgötzen.

**Literaturbeilage** Ach, ich fand das schön. Frage drei

und vier löst er genauso souverän. Und dann kommt's. Also ich muss sagen, das ist für mich die problematischste Stelle des Buches.

**Wolf Haas** Das wundert mich nicht.

**Literaturbeilage** Sie lassen Herrn Kowalski über die fünfte und letzte Frage sagen: „Ich werde nie vergessen, wie Gottschalk lächelnd den allerersten Tag der fünfzehn Jahre nannte. Als hätte er ürgendwas gespürt!" Herr Haas, ich hab mir vor unserem Gespräch das Video der Sendung kommen lassen. Die ersten vier Tage, nach denen Gottschalk fragt, sind authentisch. Aber die fünfte Frage –

**Wolf Haas** – war eine andere. Ich weiß. Aber es geht um die Auswirkung auf ihn. Und die war eben dieselbe, als hätte Gottschalk wirklich nach dem allerersten Tag der fünfzehn Jahre gefragt. Weil an diesem konkreten Tag, nach dem Gottschalk in Wirklichkeit fragte, war eben ein ähnliches Wetter wie an dem Tag, als die beiden Kinder sich das letzte Mal gesehen haben.

**Literaturbeilage** An dem Tag, als alles vorbei war.

**Wolf Haas** Ja, oder an dem alles begonnen hat. Je nach Sichtweise. Aber „ein ähnliches Wetter", das wäre mir erzählerisch viel zu kompliziert geworden. Und es bringt nichts! Da muss man sich beim Schreiben einfach manchmal entscheiden. Ich wollte, dass es jetzt schnell geht. Es bringt null, wenn ich umständlich erzähle, das Wetter, nach dem Gottschalk fragte, hat ihn an den Tag erinnert, wo er mit Anni zum Schmugglerlager hinaufgegangen ist. Das sind einfach Fragen der Textökonomie. Lieber ein bisschen Zufall schlucken, als drei Seiten lang „erinnerte ihn an" lesen müssen.

**Literaturbeilage** Und Zufall kann man ja notfalls immer noch mit dem Motto Ihrer Tante Emma begründen. Oder Berta?

**Wolf Haas**  Ja Sefa, ja genau. Sonst wär's kein Film.

**Literaturbeilage**  Gottschalk nennt also das Datum, und Herr Kowalski reagiert überhaupt nicht.

**Wolf Haas**  Reagiert hat er schon. Aber nur körperlich. Er hat unglaublich zu schwitzen angefangen.

**Literaturbeilage**  Ich fand das sehr schön, wie er in dem Moment, wo ihn wegen der Frage endlich die ganze Anni-Katastrophe einholt, innerhalb einer Sekunde durchnässt ist. Genau wie damals! Aber diesmal nicht vom Regen, sondern wegen Annis Pulli, den er unter dem Sakko trägt!

**Wolf Haas**  Wobei ich sagen muss, das erfährt man an der Stelle noch gar nicht, dass es der Pulli ist, den Anni ihm gestrickt hat.

**Literaturbeilage**  Das erfährt man erst ganz hinten, wo der Pulli ihm eigentlich das Leben rettet.

**Wolf Haas**  Ja, hier beim Live-Auftritt heißt es nur, dass ihm einfach wegen der TV-Scheinwerfer viel zu heiß wird. Weil er eben einen dünnen Unterziehpulli unter dem Sakko trägt. Aber nicht, dass es Annis Pulli ist.

**Literaturbeilage**  Weil er sich ohne einen Pulli, wie Sie schreiben, „nicht richtig angezogen fühlt".

**Wolf Haas**  *(lacht)* Ja, das hat er von mir. Aber der Pulli ist natürlich ein Ablenkungsmanöver. Er schwitzt wegen dem Pulli, okay. Und wegen den Scheinwerfern. Aber dass er von einem Moment auf den anderen im Wasser steht, liegt natürlich am –

**Literaturbeilage**  – am Wetter.

**Wolf Haas**  Einfach an seinem Blackout. Weil ihn Gottschalks Frage voll am falschen Fuß erwischt.

**Literaturbeilage**  Beim Lesen hat man ja den Eindruck, dass er die Frage ohne Gottschalks Hilfe nicht mehr geschafft hätte.

**Wolf Haas**  Das ist am Video ganz eindeutig. Wie Gottschalk versucht, ihm über sein Blackout hinwegzuhelfen. Gottschalk wiederholt das Datum, Gottschalk betont mehrmals „Hooochsommer", aber Herr Kowalski steht nur da und schwitzt.

**Literaturbeilage** Er ist mit seinen Gedanken bei seinem Hochsommertag vor fünfzehn Jahren.

**Wolf Haas** Bei „seinem" Hochsommertag, das klingt schön.

**Literaturbeilage** Als er mit Anni zu dem Schmugglerlager hinaufgegangen ist.

**Wolf Haas** Er ist wirklich weggedriftet zu diesem Unglückstag, als er das letzte Mal bei Anni war.

**Literaturbeilage** Man sieht eigentlich nur, dass Gottschalk ihn kurz am Ellbogen berührt, als wollte er ihn wachrütteln.

**Wolf Haas** Ja, ich glaube, das war der entscheidende Moment. Durch diese kurze Berührung ist er irgendwie wieder zu sich gekommen. Und er murmelt: „Ein Wetter." Ganz leise. Aber weil er sich vor Scham in seinem totalen Unbehagen das Mikrofon so nahe vors Gesicht hält, um sich irgendwie dahinter zu verstecken, hört man's trotzdem total laut: „Ein Wetter." Man hört es bis in die hinterste Reihe der Westfalenhalle, und man hört es in ganz Deutschland und in der Schweiz und bis in den hintersten Winkel von Österreich, wie er sagt: „Ein Wetter."

**Literaturbeilage** Sonst hat er ja überhaupt nichts gesagt!

**Wolf Haas** Und Gottschalk reagiert eben in seiner launigen Art und sagt: „Ein Wetter ist immer, aber was für ein Wetter, das ist die Frage." Und Herr Kowalski wiederholt: „Ein Wetter." Und da klingelt's bei Gottschalk.

**Literaturbeilage** Ein Gewitter.

**Wolf Haas** Genau. Und für diese Schlagfertigkeit bewundere ich Gottschalk wirklich. Meine Freundin sagt immer, sie kann überhaupt nicht verstehen, warum ich mir das anschau. Aber solche Momente, die haben schon was. Wie Gottschalk diesen peinlichen Moment in eine Pointe wendet. Indem er die ganze Schuld auf sich nimmt.

**Literaturbeilage** Er als Bayer!

**Wolf Haas** Genau. „Ich als Bayer", sagt er. „Und verstehe *Wetter* nicht", und so weiter. Da werde er sich zu Hause was anhören können von seinen alten Freunden, „Gottschalk, du gfeider Preiß" und so weiter.

**Literaturbeilage** Außer diesen beiden Worten hat Herr Kowalski ja zu der fünften Frage überhaupt nichts gesagt!

**Wolf Haas** „Ein Wetter." Das hat Gottschalk als Antwort gelten lassen. Herr Kowalski ist dann ja sogar Wettkönig des Abends geworden. Das wird erst gegen Ende der Sendung gevotet, das hat er dann schon wieder richtig mitbekommen. Aber wie Gottschalk seine Witze über seine bayrischen Freunde gerissen hat, die ihn fertig machen werden, weil er „Wetter" nicht gleich als „Gewitter" verstanden hat, das hat Herr Kowalski überhaupt nicht registriert. Komplett die Erinnerung gelöscht! Als Riemer ihm später das Video zeigte, ist er aus allen Wolken gefallen. Er hat am Video diese Passage mit Gottschalks bayrischen Freunden zum ersten Mal gehört und gesehen, als wäre er nicht dabei gewesen!

**Literaturbeilage** Sie schreiben, er wollte vor Scham im Erdboden versinken. Mir war nicht ganz klar, ob er sich schämte, weil er die Antwort nicht wusste, oder –

**Wolf Haas** Weil er sich aufgedeckt fühlte. Er glaubte, jeder weiß jetzt, warum er hier steht. Was an diesem

Tag, als er Anni zum letzten Mal gesehen hat, passiert ist!

**Literaturbeilage** Wie die beiden in das „Wetter" geraten sind und –

**Wolf Haas** Ja klar, er hat sich bloßgestellt gefühlt.

**Literaturbeilage** Obwohl Gottschalk gar nichts wusste von der eigentlichen Tragödie.

**Wolf Haas** Nein, natürlich nicht. Das war ja nur eine Sache zwischen Anni und ihm.

**Literaturbeilage** Mir scheint ja, oder lassen Sie es mich so sagen: Ich habe die These, dass Scham überhaupt das schamvoll versteckte Thema der ganzen Geschichte ist.

**Wolf Haas** So weit würde ich nicht gehen. Aber in dem Moment war es eben das dominante Gefühl. Er wollte vor Scham im Erdboden versinken.

**Literaturbeilage** Mit dem Wunsch, im Boden zu versinken, endet das Kapitel. Aber etwas sehr überraschend fand ich es dann doch, dass er in dieser extremen Stresssituation, mitten in seinem Blackout vor Millionen von Fernsehzuschauern, ausgerechnet an die Bürgerinitiative denkt, mit der er sich beruflich in den letzten Jahren herumschlagen musste.

**Wolf Haas** Noch dazu, wo es vor allem Riemers Aufgabe war, die Leute von Bodenlos in Schach zu halten.

**Literaturbeilage** Das Kapitel endet mit den Zeilen: „In diesem Moment wünschte ich mir nichts so sehr, als dass unsere Freunde von der Bürgerinitiative Bodenlos doch Recht hätten."

**Wolf Haas** „Freunde" ist gut.

**Literaturbeilage** Und weiter heißt es: „Wie schön wäre es gewesen, wenn sich jetzt ein schlecht verfüllter Schacht unter der Westfalenhalle geöffnet und mich gnädig verschluckt hätte."

**Wolf Haas** Ja, die Schamgefühle. Es ist ihm wirklich

nicht gut gegangen in diesem Moment. Er hat gar nicht mitgekriegt, wie das Publikum ihm zujubelt.

**Literaturbeilage**  Aber Sie haben ihn hier doch auch mit klarer Absicht am Ende des Kapitels im Boden versinken lassen. Oder anders gesagt: Sein Versinken im Boden haben Sie nicht zufällig an das Kapitelende gestellt.

**Wolf Haas**  Na ja, ein bisschen eine Vorausdeutung ist da schon drinnen.

**Literaturbeilage**  Auf seinen bevorstehenden Untergang.

**Wolf Haas**  Vielleicht nicht direkt auf den Untergang. Es hat mir einfach gefallen, dass er hier sozusagen im Erdboden versinkt, und am Schluss des Buches spuckt die Erde zurück sozusagen.

**Literaturbeilage**  Ja, wobei man sagen muss. Es ist schon ein massiver Unterschied zu den Eruptionen am Schluss des Romans. Er versinkt hier ja nicht würklich. So wie Sie das sagen, klingt es ja fast so, als hätte ihn der Erdboden unter der Westfalenhalle tatsächlich verschluckt.

**Wolf Haas**  Nein, natürlich nicht. Er wünscht es sich nur! Wobei es ja diesen Aberglauben gibt, dass man sich solche Dinge nicht zu fest wünschen soll.

# Dritter Tag

**Literaturbeilage** Herr Haas, mit dem „Wetter", das Gottschalk unabsichtlich angesprochen hat, sind wir beim Kern der Geschichte angelangt.

**Wolf Haas** Ich bin eigentlich nicht unbedingt der Meinung, dass Geschichten einen Kern haben.

**Literaturbeilage** Aber es lässt sich wohl schwer bestreiten, dass sich die ganze Geschichte um diesen einen Tag rankt, wo Anni und Vittorio in das Wetter geraten sind.

**Wolf Haas** Kerne und Ranken – jetzt sind wir mitten in der Botanik.

**Literaturbeilage** Das passt ja nicht schlecht zu dem Ausflug, den die beiden Fünfzehnjährigen an dem Tag in die Botanik gemacht haben.

**Wolf Haas** Ja. Haha. Sie befinden sich in der kalauerfreien Zone!

**Literaturbeilage** Ist mir noch gar nicht aufgefallen. Dafür ist mir beim Lesen aufgefallen, dass Sie an dieser entscheidenden Stelle wieder einmal auf einen Nebenschauplatz ausweichen. Die Stromautobahn, unter der die beiden jungen Wanderer durchgehen, bevor sie in das Gewitter geraten.

**Wolf Haas** Das war schon ein Glücksfall für mich als Autor. Dass der Weg, den die beiden an dem Tag gegangen sind –

**Literaturbeilage** – zum Schmugglerlager hinauf –

**Wolf Haas** – ja, der Weg zum Schmugglerlager hinauf, dass der unter der Stromautobahn durchführt. Nach der Stromautobahn ist es dann ja gar nicht mehr weit bis zum Schmugglerlager.

**Literaturbeilage** Ein Glücksfall, weil Sie dadurch die Entladung der Blitze in der künstlichen Elektrizität spiegeln konnten. Sie mögen das Natürliche ja nicht so.

**Wolf Haas** Das Natürliche mag mich ja auch nicht.

**Literaturbeilage** Ich versuche nur zu verstehen, warum Ihnen die Stromautobahn so wichtig ist.

**Wolf Haas** Ich weiß nicht, haben Sie schon einmal so eine Stromautobahn in den Bergen gesehen?

**Literaturbeilage** Ich glaube, nachdem ich Ihr Buch gelesen habe, kann ich's mir ganz gut vorstellen.

**Wolf Haas** Das hat wirklich was. In Österreich sagt man „entrisch". Etwas, das „enten" ist, befindet sich „drüben", auf der anderen Seite.

**Literaturbeilage** Also jenseitig.

**Wolf Haas** Ja, gespenstisch irgendwie.

**Literaturbeilage** An dem Tag, wo die beiden Kinder ihre Unschuld verlieren, gehen sie zum ersten Mal unter der Stromautobahn durch.

**Wolf Haas** Unschuld verlieren ist gut. Also da muss ich jetzt einmal kurz protestieren. Der Roman erzählt ja nicht die Geschichte von einem Liebespärchen, das auf den Berg wandert und dabei, *zwinker zwinker*, erstmals unter der Stromautobahn durchgeht, vor der sie sich bisher immer gefürchtet haben.

**Literaturbeilage** Sondern?

**Wolf Haas** Sondern! Es geht bei der Stelle mit der Stromautobahn doch vor allem einmal um die Insekten! Ein Gewitter kündigt sich immer durch den Blutrausch der Insekten an. Die beiden gehen wie fast jeden Tag in diesem letzten Sommer bis zur ersten Bank hinauf. In aller Unschuld sozusagen.

**Literaturbeilage** Richtung Schmugglerlager.

**Wolf Haas** Ja, Richtung Schmugglerlager schon. Aber nur die ersten paar hundert Meter. Die erste Bank ist noch weit vor der Stromautobahn. Sogar die dritte Bank ist noch vor der Stromautobahn. Die erste ist noch viel näher beim Dorf als beim Schmugglerlager. Die beiden gehen fast jeden Tag irgendwann einmal zur ersten Bank hinauf, besonders in ihrem letzten Sommer. Aber sie gehen praktisch nie weiter. Ganz selten einmal zur zweiten Bank. Nie zur dritten, die schon fast bei der Stromautobahn oben steht.

**Literaturbeilage** Bereits bei der ersten Bank sind sie unbeobachtet.

**Wolf Haas** Und bis zur ersten Bank ist es wirklich nicht weit und noch nicht sehr steil. Das ist ein fünfzehnminütiger Spaziergang. Aber dieses Mal rinnt ihnen schon bei der ersten Bank der Schweiß in Bächen herunter, weil es eben schon so unglaublich schwül ist. Und die Insekten gehen auf die beiden los.

**Literaturbeilage** Fand ich übrigens etwas gewagt, dass Sie Annis zarte Haut an der Stelle so betonen.

**Wolf Haas** „Zarte Haut" hab ich aber nicht geschrieben. Sondern „dünne Haut".

**Literaturbeilage** Ja richtig. „Ihre Haut war so dünn, dass die Insektenstachel ohne jede Anstrengung eindringen und ihr Blut – "

**Wolf Haas** Einmal wird mir vorgeworfen, dass Anni fast nicht vorkommt in meinem Buch, dass sie nicht ausreichend zu Wort kommt und so weiter, reine Projektionsfläche, und dann ist es wieder zu viel.

**Literaturbeilage** Ich weiß nicht, ob das würklich ein Argument ist. Dass Sie bei einer jungen Frau, die sonst kaum charakterisiert wird, ausgerechnet ihre zarte Haut –

**Wolf Haas** Dünne Haut.

**Literaturbeilage** Man ist im Fall des „ohne jede Anstrengung eindringenden Insektenstachels" schon versucht zu sagen –

**Wolf Haas** Witzigerweise ist das etwas, das mir Anni selbst erzählt hat. Wörtlich! Dass die Insekten immer auf sie losgehen. Wegen ihrer dünnen Haut. Sie hat auch wirklich eine total dünne Haut, wo man so die Adern durchsieht, also echt insektenfreundlich, muss ich sagen.

**Literaturbeilage** Aber gerade Sie betonen doch sonst bei jeder Gelegenheit, es sei keine Ausrede für einen Text, dass sich etwas würklich so abgespielt hat.

**Wolf Haas** Das stimmt. Da muss ich mir ausnahmsweise einmal Recht geben. Gerade in dem Fall hab ich allerdings paradoxerweise versucht, die Aussage zu verschleiern, indem ich Annis Begründung mit der dünnen Haut wörtlich nehme!

**Literaturbeilage** Ganz dialektisch.

**Wolf Haas** Ich könnte es mir leicht machen und einfach sagen, die technokratische Sichtweise sei eben wieder typisch für den Erzählstil des trockenen Ingenieurs.

**Literaturbeilage** Aber?

**Wolf Haas** Ich könnte sagen, typisch Ingenieur, das ist ja wieder so eine kühl-mechanische Erklärung, dass durch die dünne Haut der Stachel leichter reingeht.

**Literaturbeilage** Aber?

**Wolf Haas** Aber es ist eben das Gegenteil wahr! Gerade indem ich hier Anni wörtlich zitiere, kommt es zu einer Verfremdung. Verfremdung durch Realismus! Wo doch jeder weiß, dass es den Insekten in Wirklichkeit um den Geruch geht.

**Literaturbeilage** Jetzt sagen Sie bloß, mit dem Hinweis auf die dünne Haut wollten Sie verschleiern, dass Annis Geruch so interessant war.

**Wolf Haas** Da wären sie über mich hergefallen, wenn ich geschrieben hätte, ihr betörender Geruch hat die Insekten angezogen! Das geht dann ja gleich in Richtung Hormonstand oder irgendwie sexuelle –

**Literaturbeilage**  Und das wollten Sie vermeiden.

**Wolf Haas**  Der Geruch schwingt höchstens ein bisschen mit bei der Zigarette. Weil Anni ja dann ein halb volles Päckchen Zigaretten hervorzaubert, das sie ihrem Vater aus dem Lastwagen geklaut hat. Sie zünden sich zwei Zigaretten an, um mit dem Rauch die lästigen Insekten zu vertreiben.

**Literaturbeilage**  Auch ein deutlich erotisches Signal. Sie schreiben, es sei die erste Zigarette der beiden gewesen.

**Wolf Haas**  Das hatte in dem Alter natürlich schon noch etwas Heimliches, Verbotenes. Damals zumindest.

**Literaturbeilage**  „Damals“.

**Wolf Haas**  Aber um die erotische Nebenbedeutung ging es mir nicht. Es ging mir ganz konkret darum, dass der Rauch die Insekten nicht vertrieben hat. Die Insekten sind so wild, dass der Rauch sie überhaupt nicht beeindruckt. Sie kleben förmlich auf der Haut.

**Literaturbeilage**  Auf Annis Haut.

**Wolf Haas**  Auf ihn sind sie normalerweise nicht so gegangen wie auf sie. Aber an diesem Tag haben die Viecher sich zum ersten Mal auf ihn genauso gestürzt.

**Literaturbeilage**  Die Insekten sind ja so wild, dass es fast zu Tränen kommt. Sind die würklich so aggressiv in den Bergen? Ürgendwie kann ich mir das nicht ganz vorstellen.

**Wolf Haas**  Vor einem Gewitter sind die brutal. Die Bremsenstiche brennen wirklich so, dass man aufschreit. Die Pferdebremsen stechen ja sogar durch den Jeansstoff! Und die Aggressivität der Blutsauger hat sich natürlich auf die beiden übertragen.

**Literaturbeilage**  Wobei ich es sehr bezeichnend finde für Sie als Autor, dass sich der Streit an einer Sprachdiskussion entzündet.

**Wolf Haas**  Na ja, eigentlich hab ich das aus dem Buch

völlig ausgeklammert. Dass es natürlich dauernd sprachliche Reibereien gegeben hat zwischen dem deutschen Urlauberkind und dem einheimischen Mädchen. Da wäre ich zu keinem Ende gekommen. Mich interessiert das nicht mehr. Aber in der Situation hat sie ihn eben wieder einmal verspottet wegen seines Namens für die Bremsen.

**Literaturbeilage** Blinder Kuckuck.

**Wolf Haas** Ja, „Blinder Kuckuck" für die ordinäre Pferdebremse. Der Name hat es mir natürlich schon auch angetan, den wollte ich unbedingt reinbringen.

**Literaturbeilage** Das Schicksal begegnet den beiden in Form des Blinden Kuckucks.

**Wolf Haas** So was kann man als Autor nicht gut auslassen.

**Literaturbeilage** Der Blinde Kuckuck ist nicht nur einziger Zeuge ihres schicksalhaften Ausflugs, er treibt die Handlung erst richtig an.

**Wolf Haas** Weil sie dann eben anfangen, sich gegenseitig die Blutsauger von der Haut zu vertreiben. Und es dauert nicht lange, bis sie anfangen, sie einander auf der nackten Haut zu zerklatschen.

**Literaturbeilage** Dann wird aus dem Spiel schnell blutiger Ernst.

**Wolf Haas** Das ist natürlich ein gefährliches Spiel. Einerseits ist es eine liebevolle Geste. Wem in letzter Sekunde, bevor er gestochen wird, die Bremse wegzuwischen. Andererseits kommt es eben auf die Heftigkeit der Berührung an. Kinder nehmen das gern als Vorwand, dem anderen ordentlich auf den Rücken zu klatschen oder auf die nackten Oberschenkel oder am besten gleich voll ins Gesicht. Womöglich, wenn gerade gar keine Bremse dort sitzt. Kein Blinder Kuckuck, sondern nur eine blinde Watschn sozusagen.

**Literaturbeilage** Kinder waren Vittorio und Anni allerdings nicht mehr.

**Wolf Haas** Nein. Also gerade so am Übergang, würde ich sagen. Sie haben sich eben eine Zeit lang die Insekten laut klatschend gegenseitig erschlagen, und –

**Literaturbeilage** Sie beschreiben das fast wie einen rituellen Tanz.

**Wolf Haas** Aber als Anni dann das Blut von der Wange lief, fand sie es nicht mehr besonders witzig.

**Literaturbeilage** Es war aber nur das Blut der Bremse.

**Wolf Haas** Ja klar! Also streng genommen war es natürlich schon Annis Blut, weil das Viech es ja vorher aus ihr herausgesaugt hat.

**Literaturbeilage** Eine philosophische Frage.

**Wolf Haas** Aber sie hat einfach Theater gemacht, als wäre sie jetzt stinksauer, weil ihr das Blut über die Wange läuft. Zuerst der Streit wegen der Insektennamen, haha Blinder Kuckuck und so weiter, hihi Gelsen aus Gelsenkirchen, und jetzt fließt schon Blut. Dabei war's natürlich nur die vollgesogene Bremse, die Vittorio auf ihrem Gesicht zerklatscht hat.

**Literaturbeilage** Wo Sie gerade „vollgesogen" sagen: Ein Freund hat mir mal einen fürchterlichen östreichischen Ausdruck beigebracht. Wie ging das? Voll wie eine Häuslzigarette?

**Wolf Haas** Ja, voll wie ein Häusltschick. Das heißt aber „betrunken". Also „Häusl" ist die Toilette, und weil –

**Literaturbeilage** Ich weiß, ich kann mich an die ekelhafte Erklärung noch erinnern.

**Wolf Haas** – eben die Männer am Pissoir, also ich bin ja Nichtraucher, aber die schmeißen da die Kippen in die Latrine, und die saugen sich dann natürlich voll. Also eine besonders drastische Form von Vollheit sozusagen.

**Literaturbeilage** Danke, dass Sie's mir noch mal erklärt haben. Als Frau versteht man das mit dem Pissoir sowieso nicht. Aber gut. Anni macht also Theater, weil ihr das Insektenblut über die Wange läuft. Sie ist dann aber trotzdem nicht hinuntergerannt, sondern weiter bergauf gegangen.

**Wolf Haas** Das war eben die Sache mit der Stromautobahn. Darum sag ich, die Stromautobahn ist erst über die Insekten in die Geschichte hineingekommen. Die Stromautobahn war ja ein altes Streitthema zwischen den beiden.

**Literaturbeilage** Es kam bei jedem Spaziergang der Punkt, wo sie gestritten haben, ob man hier die Stromautobahn schon hört.

**Wolf Haas** Eine sachliche Überprüfung war ja schwer möglich.

**Literaturbeilage** Das Entscheidende daran ist aber, dass Anni eines Tages anfängt zu behaupten, sie „spüre" die Stromautobahn schon, bevor man sie hören kann.

**Wolf Haas** *(lacht)*

**Literaturbeilage** Sie nutzen Annis „Spüren" der Stromautobahn ja auch wieder einmal für einen Ihrer Seitenhiebe gegen das weibliche Geschlecht.

**Wolf Haas** Seitenhieb ist vielleicht etwas übertrieben. Aber das mit dem Spüren ist natürlich schon ein Thema, an dem ich nicht recht vorbeikomme, wenn's mir so aufgelegt wird.

**Literaturbeilage** „Spürterror" ist allerdings doch ein ziemlich krasser Ausdruck, den Sie da verwenden.

**Wolf Haas** Da hab ich mich wohl wirklich etwas zu stark in den Text eingemischt. Also der Ausdruck „Spürterror" kommt garantiert nicht von Herrn Kowalski. Er hat Anni ja dafür bewundert, dass sie die

Stromautobahn schon gespürt hat, bevor er sie überhaupt hören konnte.

**Literaturbeilage** Im Buch heißt es, dass man die Stromautobahn meistens so auf halber Höhe zwischen der ersten und zweiten Bank zum ersten Mal hören konnte, an manchen Tagen aber auch erst nach der zweiten Bank. Hin und wieder aber sogar schon ein paar Meter nach der ersten Bank. Gibt's da würklich solche Unterschiede?

**Wolf Haas** Ich glaub schon. Je nachdem, in welche Richtung der Strom fließt.

**Literaturbeilage** Das ist ein Scherz, oder?

**Wolf Haas** Sie sind eine Blitzgneißerin.

**Literaturbeilage** Eine was?

**Wolf Haas** Entschuldigung, das war jetzt blöd. Vergessen Sie's.

**Literaturbeilage** Jetzt will ich's aber wissen.

**Wolf Haas** Ein österreichischer Fußballer hat das einmal in einem bei uns legendär gewordenen Interview zu einem deutschen Fernsehreporter gesagt: „Du bist a Blitzgneißer". Das heißt so viel wie: sehr schnell von Begriff.

**Literaturbeilage** Aha. Danke für die Blumen!

**Wolf Haas** Der deutsche Reporter hat ihn nämlich gefragt, warum sich's bei der Vertragsverlängerung zwischen dem Stürmer und seinem deutschen Verein noch spießt. Und der Fußballer sagte in einem sehr wienerischen Singsang: „Wir müssen noch verhandeln, weil der Verein will mir mehr zahlen, als ich verantworten kann." Und darauf der Reporter, nö, das is'n Scherz, oder? Und die lächelnde Antwort des Stürmers eben: „Du bist a Blitzgneißer."

**Literaturbeilage** Schön.

**Wolf Haas** Das ist bei uns so berühmt wie bei euch „Ich habe fertig".

**Literaturbeilage** Wer war dieser Fußballer? Hans Kranker?

**Wolf Haas** Nein, lassen wir diesen Blödsinn. Wo waren wir?

**Literaturbeilage** Warum man die Stromautobahn manchmal schon bei der ersten Bank hört, manchmal noch nicht einmal bei der zweiten.

**Wolf Haas** Direkt bei der ersten Bank nie. Da waren sie in Sicherheit. Aber manchmal schon nach der ersten Kurve, wenn man weiter Richtung Stromautobahn, also Richtung Schmugglerlager gegangen ist.

**Literaturbeilage** Also es hängt vermutlich von der Windrichtung ab, würde ich Blitzbegreiferin mal sagen.

**Wolf Haas** Schätze ich auch. Und die beiden haben eben jahrelang ein Spiel daraus gemacht, wer das Surren der Stromautobahn vorher hört. Ich fand das Spiel so schön, weil man's ja sowieso nicht beweisen kann. Aber einmal, als er es ihr erstmals nicht glauben wollte, dass sie schon was hört, ist das Mädchen mit dem Überschmäh dahergekommen.

**Literaturbeilage** Dann spürt sie es eben.

**Wolf Haas** Genau. In den Handflächen.

**Literaturbeilage** Kribbeln.

**Wolf Haas** Dagegen konnte er nicht an. Er hat ja nichts gespürt. Kein Kribbeln. Und er war auch zu ehrlich, um einfach zu sagen, er spürt's auch kribbeln.

**Literaturbeilage** Zu kopflastig. Der spätere Techniker kündigt sich schon an.

**Wolf Haas** Er war aber auch zu gutmütig, um sie zu verdächtigen, dass sie das nur behauptet. Sondern er war überzeugt: Mädchen spüren das eben, die sind sensibler und so weiter.

**Literaturbeilage** Diese gutmütige Interpretation ist offenbar nicht ganz Sache des Autors. Sie schreiben:

Frauen spüren eben immer alles, wie es ihnen gerade in den Kram passt.

**Wolf Haas**  Nein, also so schreib ich das ganz bestimmt nicht! Jetzt zitieren Sie mich auf einmal so bösartig, weil ich das mit der Blitzgneißerin gesagt habe.

**Literaturbeilage**  Der Satz ist wörtlich aus Ihrem Buch.

**Wolf Haas**  Ja, aber das ist ein Satz von Riemer in einem ganz anderen Zusammenhang. An dieser Stelle im Buch geht es nur darum, dass es ein Spiel zwischen ihnen war, wer die Stromautobahn vorher hört. Und dass Anni immer sofort kehrtgemacht hat, sobald sie das Surren hörte.

**Literaturbeilage**  Das Surren war das Signal.

**Wolf Haas**  Zum Aufbruch. Weil es ihr in den Ohren so unangenehm war.

**Literaturbeilage**  Und der Begriff „Spürterror"? Ist das Originalton Riemer oder Originalton Wolf Haas?

**Wolf Haas**  Ich hab's ja schon zugegeben. „Spürterror" hat im Buch wirklich nichts verloren. Meinetwegen ist es von mir. Ich finde das eben manchmal bizarr, wenn man so Sachen gesagt kriegt wie: „Das spüre ich. Das wirst du doch wohl auch spüren!" Dabei spürt jeder, was er gerade spüren will.

**Literaturbeilage**  Das ärgert Sie.

**Wolf Haas**  Ich mag es eben nicht, wenn man so über den Haufen gespürt wird. Aber was das Buch betrifft, hat es doch ganz einen anderen Grund, dass ich das so betone. Weil es an diesem Tag eben plötzlich umgekehrt ist. Plötzlich ist er es, der die Stromautobahn vorher hört.

**Literaturbeilage**  Oder zu hören glaubt.

**Wolf Haas**  Bei der ersten Bank! Wo sie noch nie zu hören war!

**Literaturbeilage**  Und jetzt ist es Anni, die sagt: Quatsch, gar nichts hört man.

**Wolf Haas** Und plötzlich behauptet Vittorio, dann spürt er sie eben. Hinter dem Surren der Insekten liege noch ein zweites Surren in der Luft. Er spürt es in den Handflächen kribbeln. Und Anni sagt, null spürt man.

Es kribbelt nicht in den Handflächen.

**Literaturbeilage** An dem Tag, wo zum ersten Mal diese erotische Spannung in der Luft liegt, ist es plötzlich Vittorio, der behauptet, er spüre die Stromautobahn. Ich hab das so gelesen, dass er eigentlich umkehren wollte. Er hatte eigentlich Angst vor der Situation und forderte im Grunde Anni auf, endlich das Signal zur Rückkehr zu geben.

**Wolf Haas** Nur dass Anni eben nicht mitgespielt hat. Vielleicht war sie auch immer noch sauer wegen dem Blut auf ihrer Wange. Jedenfalls sagt sie, sie hört und sie spürt nichts. Dabei schaut sie nachdenklich zum blauen Himmel hinauf, als würde sie lauschen.

**Literaturbeilage** Es war immer noch blauer Himmel?

**Wolf Haas** Nicht eine Wolke am Himmel! Es war ja erst Mittag. Das war ja das Irre an dieser drückenden Schwüle und an diesem Insektenüberfall. Normalerweise tritt das in den Alpen frühestens am Nachmittag auf.

**Literaturbeilage** Ging es Ihnen da auch darum, eine Art High-Noon-Stimmung zu vermitteln?

**Wolf Haas** Es war einfach genau Mittag. Das weiß ich aus einem ganz einfachen Grund: Herr Kowalski hat mir erzählt, dass sie die Mittagsglocken der Dorfkirche unüblich laut bis zur ersten Bank hinauf gehört haben. Das ist insofern ein wichtiges Detail, als –

**Literaturbeilage** – weil es damit unwahrscheinlich ist, dass die Windrichtung von der Stromautobahn zu ihnen verlief.

**Wolf Haas** Genau. Entweder das, oder der Wind hat

sich dann extrem schnell gedreht. Jedenfalls war es exakt zwölf Uhr, Hochsommer, blauer Himmel, kein Schatten. Und als die Mittagsglocken verklungen sind, ist das Surren der Insekten wieder in der Luft, noch lauter als vorher, und hinter dem Surren der Insekten das Surren der Stromautobahn.

**Literaturbeilage** Das Anni nach wie vor bestreitet.

**Wolf Haas** Das übliche Hickhack eben. Vittorio sagt wieder, er hört die Stromautobahn, und Anni sagt wieder, gar nichts hört man, nicht bei der ersten Bank! Und Vittorio sagt noch einmal, er spürt sie, und Anni sagt, man hört nichts und man spürt nichts. Und sie schaut zum blauen Himmel hinauf und sagt –

**Literaturbeilage** – mit diesem forschenden Blick, der ja schon früher in Ihrem Buch immer wieder eine Rolle spielt –

**Wolf Haas** Mit diesem blöden Einheimischenblick eben. Mit dem die Dorfbewohner ihre Wetterprognosen für die Touristen begleiten.

**Literaturbeilage** Wie wir es von Annis Vater, dem Bergrettungsmann, kennen, wenn Kowalski senior sich erkundigte, ob das Wetter für seine morgige Bergtour halten wird.

**Wolf Haas** Ja genau. Und jetzt schaut seine fünfzehnjährige Tochter mit diesem Blick zum blauen Himmel hinauf und sagt mit dem Ernst der Erfahrenen: „Ein Wetter kommt."

**Literaturbeilage** Man glaubt an dieser Stelle ja würklich, dass sie es nur sagt, um sich aufzuspielen. Um als einheimisches Mädchen Vittorio die Schwäche seiner Position spüren zu lassen.

**Wolf Haas** Das freut mich, wenn das so rüberkommt. Man ist an dieser Stelle eben mehr auf Vittorios Seite, dem die ganze Situation zu viel wird. Er ist ja nicht nur der Fremde, der „Gästebub", er ist auch gleich alt wie sie, also in diesem Alter entwicklungsbedingt sozusagen der Jüngere, der doppelt Unterlegene. Dann hat sie ihn gerade erst fertig gemacht wegen der Blutwatschn. Und jetzt schaut Anni mit diesem Einheimischenblick zum blauen Himmel hinauf und sagt wie zum Hohn: Ein Wetter kommt.

**Literaturbeilage** Eigentlich wäre das doch erst recht ein Grund, dass sie ins Dorf zurückgehen. Die Gefährlichkeit der Alpengewitter für die Bergsteiger betonen Sie im Buch ja immer wieder. Müssten Sie übrigens nicht unbedingt so betonen, das wissen auch wir Flachlandpiefkes.

**Wolf Haas** Um Bergsteiger in dem Sinn handelt es sich bei den beiden zwar nicht. Sie sind nur eine Viertelstunde oder so vom Dorf entfernt. Aber trotzdem. Ein Gewitter in freier Natur ist nie lustig. Da kann auch die Gehdistanz einer Viertelstunde reichen, und man ist trotzdem plötzlich von der Zivilisation abgeschnitten.

**Literaturbeilage** Die beiden kehren aber nicht um. Sondern gehen erst recht Richtung Stromautobahn weiter. Trotz Surren und trotz Annis Gewitterprognose.

**Wolf Haas** Ja. Sie gehen zur zweiten Bank hinauf. Erste Bank, zweite Bank, dritte Bank. Das sind die Stationen vor der Stromautobahn.

**Literaturbeilage** Vittorio zählt das ja auch immer so auf. Erste Bank, zweite Bank, dritte Bank. Ich frag mich, ob er diesen Zählzwang von Ihnen hat oder Sie von ihm.

**Wolf Haas** In dem Fall ist es nur so wichtig, weil die beiden meistens nur bis zur ersten Bank gegangen sind. Das war ihr Wohnzimmer sozusagen. Genau richtig weit entfernt von der Elternwelt. Vom Dorf aus nicht mehr einsehbar und doch noch nicht zu weit weg. Und nur ganz selten sind sie den steilen Weg bis zur zweiten Bank hinauf. Die lag ja schon im Surr-Sperrgebiet.

**Literaturbeilage** Und dieses Mal gehen sie nicht nur zur zweiten, sondern sogar bis zur dritten Bank.

**Wolf Haas** Ja, zum ersten Mal! Bis zur dritten Bank sind sie vorher noch nie hinauf. Die steht ja nur noch fünfzig Meter vor der Stromautobahn. Das ist wirklich unangenehm, ich verstehe gar nicht, dass man da eine Bank hingestellt hat.

**Literaturbeilage** Trotz des „grauslichen" Surrens.

**Wolf Haas** In erster Linie war das Surren natürlich immer schon nur ein Vorwand. Für ihre Faulheit. Es ist mir um diese spezielle Faulheit der Fünfzehnjährigen gegangen. Man ist ja nie so faul wie in diesem Alter. So eine sauschwere Faulheit ist das, ich werde schon müde, wenn ich nur dran denke.

**Literaturbeilage** Also ich war in dem Alter voll im Vierhundertmeter-Training.

**Wolf Haas** Da haben Sie was versäumt! Normalerweise ist man stinkfaul in dem Alter. Das ist eine exzessive Faulheit. Man liegt den ganzen Tag vor dem Fernseher und so weiter, im Schwimmbad, oder heute hängen sie eben vorm Computer. Nur nicht bewegen.

**Literaturbeilage** Jetzt verstehe ich, warum Sie das so betonen, dass die beiden bis zur dritten Bank und sogar noch bis zur Stromautobahn weitergehen.

**Wolf Haas** Ich konnte die Faulheit nicht so ausführlich zum Thema machen. Sonst schlafen mir ja die Leser ein!

**Literaturbeilage** Ich hab mich immer gefragt, warum dieses Weitergehen so viel bedeutet, obwohl es ja ein Weg von kaum mehr als einer halben Stunde sein kann.

**Wolf Haas** Mehr ist das auch nicht. Ungefähr zehn

Minuten von der ersten zur zweiten Bank. Und eine gute Viertelstunde von der zweiten bis zur dritten Bank, die ja schon direkt bei der Stromautobahn oben steht. Aber es geht sehr steil hinauf. Also wenn man stinkfaul ist, ist das schon ein anstrengender Weg. Besonders wenn's so schwül ist. Das ist, wie wenn Sie in einem Glashaus steil bergauf gehen.

**Literaturbeilage** Darum sind die beiden schon klatschnass, bevor es zu regnen anfängt.

**Wolf Haas** Bevor überhaupt eine Wolke am Himmel ist! Es war immer noch blauer Himmel. Und Vittorio ist jetzt fast bergauf gerannt. Er war wild entschlossen, so lange Richtung Stromautobahn zu gehen, bis Anni es zugibt.

**Literaturbeilage** Dass das hinter dem Insektensurren spürbare Surren von der Stromautobahn kommt.

**Wolf Haas** Und nicht vom Wetter, mit dem sie ihm spürmäßig wieder einmal voraus sein wollte. Es hat ihm einfach gereicht. Er ist sich vorgekommen wie der Hase mit dem Igel. Wenn er ihr beim Wetthören einmal voraus war, verlagerte sie die Ebene einfach auf das Spüren. Und jetzt, wo er sich darauf einlässt und beim Spüren der Stromautobahn mithalten will, ist sie schon wieder ganz woanders.

**Literaturbeilage** Bei der Wetterfühligkeit.

**Wolf Haas** Ein Wetter kommt! Eigentlich war es das erste Mal, dass er sich wirklich einmal auf die Hinterbeine gestellt und ihr nicht jeden Blödsinn abgekauft hat.

**Literaturbeilage** Dem kann ich nur mit Einschränkung zustimmen. Man hat beim Lesen doch auch das Gefühl, dass sie ihn provoziert. Würde sie nicht so vehement leugnen, dass es die Stromautobahn ist, die in den Händen kribbelt, könnten sie ja getrost umkehren.

**Wolf Haas**  Aber Anni hat es nicht zugegeben.

**Literaturbeilage**  Eben. Das ist mein Punkt. Wenn man in so einer Situation würklich umkehren will, sagt man doch einfach: Okay, du hast Recht. Und darum müssen wir jetzt umkehren.

**Wolf Haas**  Ja, ich glaube auch, da haben Sie Recht. Er wollte zwar, dass sie zugeben muss, dass es die Stromautobahn ist. Aber sie wollte vielleicht, dass er das wollte. Jedenfalls sind sie immer weiter hinaufgegangen. Weil er es ihr beweisen wollte. Und weil sie, als man die Stromautobahn schon unbestreitbar laut gehört hat, immer noch nicht davon heruntergestiegen ist: Es ist nicht die Stromautobahn, ein Wetter kommt. Bei wolkenlosem Mittagshimmel!

**Literaturbeilage**  Spürterror.

**Wolf Haas**  Na ja, das Wetter hat ihr dann schneller Recht gegeben, als ihr lieb war.

**Literaturbeilage**  Noch bevor sie oben bei der Stromautobahn sind, ist es schon dunkel.

**Wolf Haas**  Bei der dritten Bank war es schon praktisch finster. Mitten an einem strahlenden Sommertag ist es innerhalb von fünf Minuten finster.

**Literaturbeilage**  Im Buch heißt es, innerhalb von drei Minuten.

**Wolf Haas**  Ich hätte auch schreiben können, innerhalb einer Minute. So erlebt man das nämlich. Wenn Sie auf einem Berghang stehen, eine halbe Stunde von der Zivilisation entfernt, schon näher bei der Waldgrenze als beim Dorf, kommt Ihnen das auf jeden Fall sehr schnell vor. *Out of the blue into the dark*, wie es bei Neil Young heißt.

**Literaturbeilage**  *Out of the blue into the dark*. Schön. Aus welchem Lied stammt das?

**Wolf Haas**  Leider konnte ich die Zeile nicht zitieren,

weil sie schon bei Stephen King vorkommt. Vielleicht ist es mir ja auch nur deshalb in den Sinn gekommen. Weil ein bisschen Stephen-King-artig fühlt sich das wirklich an, wenn man auf so einem Berg steht, und mitten am Tag wird es finster. Dazu muss ich sagen, dass schon die Stromautobahn allein einen ziemlichen Horror ausstrahlt.

**Literaturbeilage** Entrisch.

**Wolf Haas** Unter so einer surrenden Stromautobahn durchgehen, das ist sogar an einem heiteren Tag etwas, das man möglichst schnell hinter sich bringt. Und wenn's dann noch mitten am helllichten Tag von einem Moment auf den anderen finster wird.

**Literaturbeilage** Herr Haas, ich geh mal davon aus, dass Sie die bekannte Dissertation von FC Delius kennen.

**Wolf Haas** *Der Held und sein Wetter*. Davon gehen Sie aus, dass ich die kenne? So verbreitet ist die auch wieder nicht.

**Literaturbeilage** Offenbar liege ich nicht ganz falsch. Und wenn sich jemand jahrelang mit dem Thema beschäftigt, würde es mich auch wundern, dass man an *Der Held und sein Wetter* vorbeikommt.

**Wolf Haas** Ich war sogar einmal versucht, meinem Roman ein Motto aus *Der Held und sein Wetter* voranzustellen. Aber solche Motti sind eigentlich unsympathische Signale.

**Literaturbeilage** Ihr Buch hat doch ein Motto.

**Wolf Haas** Aber ein Hochzeitslied ist was anderes als so philosophische Sachen, die man nur halb gelesen oder verstanden hat.

**Literaturbeilage** Das Hochzeitslied als Motto ist ja auch eine ganz fiese Vorausdeutung auf Annis Hochzeit. Man hofft natürlich die ganze Zeit, es bezieht sich auf eine andere Hochzeit!

**Wolf Haas** Es ist auch ein sehr schönes Lied, finde ich. Und da dieses beliebte Hochzeitslied mit einer Zeile über das Wetter beginnt, konnte ich es mir einfach nicht entgehen lassen. Also ich wollte es nicht nur im Text haben, sondern gleich auf der ersten Buchseite.

**Literaturbeilage** „Mag's regnen oder winden –"

**Wolf Haas** „– oder obaschneibn", ist das eigentlich verständlich?

**Literaturbeilage** Na klar, runterschneien.

**Wolf Haas** „Mag's regnen oder winden oder obaschneibn –"

**Literaturbeilage** „– fein sein, beieinander bleiben."

**Wolf Haas** Wahnsinn! Da krieg ich eine Gänsehaut. Ein bisschen kitschig ist es natürlich schon, aber –

**Literaturbeilage** – als Zitat war es Ihnen möglich.

**Wolf Haas** Ja, vielleicht.

**Literaturbeilage** Warum ich Sie nach *Der Held und sein Wetter* fragte. Auch Ihre Dissertation wird in den Rezensionen immer wieder erwähnt. Über die *Sprachphilosophischen Grundlagen der Konkreten Poesie*.

**Wolf Haas** Aber in meinem Fall war das mehr zur Rechtfertigung der Grammatikfehler. Die akademische Lizenz zum Fehlermachen.

**Literaturbeilage** Herr Haas, auch wenn Sie sich darüber lustig machen. Mir ist unbegreiflich, wie Sie es mit diesem Hintergrund schaffen, zwanzig Seiten lang das Wetter zu beschreiben.

**Wolf Haas** Zwanzig Seiten sind's aber bestimmt nicht.

**Literaturbeilage** Doch, ich hab nachgezählt. Es fängt an mit der plötzlichen Verdunklung des Himmels. Sie beschreiben, wie die Sonne, während die beiden auf die Stromautobahn zugehen, verschwindet.

**Wolf Haas** Verdunstet.

**Literaturbeilage** Ja, das fand ich ja auch sehr schön,

dass Sie schreiben, die Sonne verdunstet. Dann schildern Sie, wie die Stromautobahn immer lauter surrt, während es mitten am Tag immer finsterer wird. Sie beschreiben, wie man die Stromkabel mit jedem Schritt besser hören, aber schlechter sehen kann. Das geht über Seiten! Sie schreiben, wie die Erde immer noch die Hitze der komplett verdunsteten Sonne zurückstrahlt. Sie beschreiben, wie es immer noch schwüler und drückender wird. Sie schreiben, dass die Wolkendecke wie ein Glassturz über den beiden steht. Und dann beschreiben Sie gleich über sieben Seiten hinweg das Zählen.

**Wolf Haas**  Sie haben also auch gezählt.

**Literaturbeilage**  Ja. Die Seiten.

**Wolf Haas**  Also ich würde das genaue Gegenteil behaupten. Nämlich, dass ich das Gewitter selbst überhaupt nicht beschrieben habe. Weil's nämlich gar nicht geht. Die Bedrohung, die da im wahrsten Sinn des Wortes in der Luft liegt, die Todesangst, die einen als Wanderer erfasst, das wird alles nicht einmal gestreift. Es wäre immer verharmlosend. Darum hab ich ja der Stromautobahn so viel Platz eingeräumt, dem künstlichen Gewitter sozusagen, dem Ersatzkaffee. Und das Zählen ist eben auch so eine starre, eingefrorene Art, den Wahnsinn so eines Alpenwetters überhaupt irgendwie –

**Literaturbeilage**  Ja, das ist auch alles schön und gut, aber es ist doch auch eine Frage der –

**Wolf Haas**  – der *Too-much*-heit.

**Literaturbeilage**  Ürgendwie schon, ja.

**Wolf Haas**  Vor allem fasziniert mich an diesem Anzählen gegen das Gewitter, dass es ein Versuch ist, die Angst zu rationalisieren. Das Gewitter auf Abstand zu halten durch Sekundenzählen. Man hat es irgendwie in der Hand, solange man sich zumindest ausrechnen kann, in welchem Tempo die Bedrohung näher rückt.

**Literaturbeilage** Es ist allerdings eine Illusion. Man hat die Bedrohung deshalb ja keineswegs in der Hand.

**Wolf Haas** Nur wenn man mit den Fingern zählt.

**Literaturbeilage** Wir befinden uns in der kalauerfreien Zone!

**Wolf Haas** Ich meine einfach das Kontrollbedürfnis.

**Literaturbeilage** Das Kontrollbedürfnis, das sich im Zählen ausdrückt, ist schon klar. Aber Sie erklären hoch mathematisch, wieso drei Sekunden, die zwischen Blitz und Donner vergehen, genau eine Distanz des Gewitters von tausendvierzig Metern bedeuten.

**Wolf Haas** Ja. Tausendzwanzig.

**Literaturbeilage** Tausendzwanzig. Sehen Sie, jetzt wäre ich schon wieder zu nahe an den Blitz rangegangen!

**Wolf Haas** Na ja, hoch mathematisch ist das noch nicht gerade. Ich bin auch kein großer Mathematiker, aber mir fällt auf, dass die Leute, sobald irgendwas mit Zahlen vorkommt, sofort aufschreien, es sei „hoch" mathematisch. Normal mathematisch gibt's offenbar gar nicht. Einfaches Rechnen schon gar nicht! Dabei schreib ich doch nur, warum man den Abstand eines Gewitters durch Sekundenzählen feststellen kann. Das hat doch nichts mit Mathematik oder so zu tun.

**Literaturbeilage** Das ist noch keine höhere Mathematik, da muss ich Ihnen Recht geben. Mitten in einer Liebesgeschichte würkt das dauernde Berechnen aber doch etwas schroff.

**Wolf Haas** Es geht mir um die Angst, in der die Leute anfangen, die Entfernung der Blitze auszurechnen. Die Berechnung ist so einfach, weil eben der Schall 340 Meter pro Sekunde zurücklegt. Das Licht übrigens dreihundert Millionen Meter. Das hab ich gar nicht geschrieben. Das Licht ist sozusagen gleich da.

**Literaturbeilage**  Sie haben es für uns Wetter-Normal-verbraucherinnen vereinfacht.

**Wolf Haas**  Und der Schall schleicht eben mit 340 Metern pro Sekunde hinterher, also wenn er zum Beispiel sechs Sekunden braucht, dann ist der Blitz noch 2040 Meter entfernt.

**Literaturbeilage**  Jetzt fangen Sie schon wieder damit an.

**Wolf Haas**  Die Stelle gefällt Ihnen nicht.

**Literaturbeilage**  Ich wollte hier beim Lesen einfach schneller vorankommen. Man hat ja Angst um die beiden! Sie beschreiben das Näherkommen des Gewitters über Seiten hinweg. Wie Anni und Vittorio immer wieder die Sekunden zwischen dem Blitz und dem anfangs noch fernen Donner zählen: Einundzwanzig, zweiundzwanzig, dreiundzwanzig.

**Wolf Haas**  Vierundzwanzig, fünfundzwanzig, sechsundzwanzig, siebenundzwanzig, acht –

**Literaturbeilage**  Anfangs ist das noch beeindruckend und ürgendwie spannend vielleicht. Aber. Sie schreiben zwar, das Gewitter sei rasend schnell näher gekommen, doch indem Sie jeden einzelnen Meter sozusagen runterzählen, kriegt man beim Lesen eher den Eindruck, dass es ganz langsam heranschleicht.

**Wolf Haas**  Ehrlich gesagt hat mir der Lektor da sogar einige Seiten weggestrichen. Einundzwanzig, zweiundzwanzig, dreiundzwanzig, vierundzwanzig, das sind für mich sehr verlockende Texte.

**Literaturbeilage**  Das merkt man.

**Wolf Haas**  Aber es ist ja nicht nur meine Vorliebe für –

**Literaturbeilage**  – fürs Zählen –

**Wolf Haas**  Haha, für bedeutungsfreie Textpassagen. Mein Gott, die Leute fahren mit dem Motorrad wochenlang durch die Wüste, das versteht jeder. Da geben sie noch Geld dafür aus! Aber ein paar Buchseiten mit einundzwanzig, zweiundzwanzig, dreiundzwanzig, da wird man gleich für wahnsinnig erklärt.

**Literaturbeilage** Sie sagten, es sei nicht nur Ihr Hang zu bedeutungsfreien Textpassagen. Sondern?

**Wolf Haas** Sondern es wird doch auch eine Spannung aufgebaut. Die beiden zählen bis neun, also neunundzwanzig, dann nur noch achtundzwanzig, dann siebenundzwanzig – das Wetter rückt näher –, dann sechsundzwanzig.

**Literaturbeilage** Dann zur Abwechslung wieder achtundzwanzig.

**Wolf Haas** Na ja, so absolut linear läuft das natürlich nicht in der Natur. Das Wetter kommt näher, entfernt sich wieder, kommt wieder näher. Wie es die Katze mit der Maus macht. Und dann, zack!

**Literaturbeilage** Aber Sie werden mir doch nicht weismachen wollen, dass Sie ein Autor sind, der auf eine fotorealistische Abbildung eines Alpengewitters Wert legt.

**Wolf Haas** Na ja, der Witz kommt ja erst. Fünfundzwanzig – und dann zack. Der Sprung.

**Literaturbeilage** Kontrollverlust.

**Wolf Haas** Der Zählende glaubt, das Gewitter kontrollieren zu können, und das Gewitter rückt auch, abgesehen von diesen kleinen Schwankungen, die womöglich auch nur Zählungenauigkeiten sind, Wunschdenken, dass es sich entfernen möge, aber es rückt näher, von zehn auf neun auf acht auf sieben auf sechs auf fünf Sekunden. Aber dann nicht auf vier! Nicht auf drei! Nicht auf zwei!

**Literaturbeilage** Sondern auf einmal ist es da. *Just like that.*

**Wolf Haas** Auf einmal steht der Besuch in der Tür.

**Literaturbeilage** Das heißt, Sie haben das langsame Näherrücken so ausführlich geschildert –

**Wolf Haas**  Nicht langsam! Das Graduelle. Das Kontrollierte. Zuerst hält sich das Gewitter an die Regeln. Es kommt wahnsinnig schnell näher, aber in einem nachvollziehbaren Tempo. Von vier Kilometern auf drei Kilometer braucht es gleich lange wie von drei auf zwei Kilometer. Es kommt rasend schnell. Ist aber noch berechenbar. Noch! Und auf einmal hält es sich überhaupt nicht mehr an die Regeln.

**Literaturbeilage**  Also ich sage Ihnen ehrlich, für mich ist dieses fast in Superzeitlupe geschilderte schnelle Näherrücken des Gewitters etwas *over the top*. Ein bisschen *too much*! Es dauert mir einfach zu lang!

**Wolf Haas**  Dabei ist es so schnell gegangen in Wirklichkeit.

**Literaturbeilage**  Ja eben! Ich bin ein ungeduldiger Mensch. Mich hat's erst wieder richtig gepackt, als es endlich runterkommt.

**Wolf Haas**  Wobei das eine optische Täuschung ist. Das eigentliche Runterkommen wird so gut wie gar nicht geschildert. Ich nehme an, Sie meinen jetzt die Sekunde davor.

**Literaturbeilage**  Ja, die Sekunde davor. Die lange Sekunde, bevor es runterkommt. Wo einem würklich die Luft wegbleibt.

**Wolf Haas**  Dabei war die Stelle für mich am leichtesten zu schreiben. Haben Sie schon einmal ein richtiges Alpengewitter erlebt?

**Literaturbeilage**  Also ich war schon öfter in den Bergen, auch in Östreich. Da hab ich mich auch sehr gefürchtet vor den Gewittern. Aber so ein gewaltiges Inferno wie in Ihrem Buch hab ich gottseidank nicht erlebt. Sonst würde ich nicht hier sitzen. Ich wäre vor Schreck gestorben oder wahnsinnig geworden!

**Wolf Haas**  Mein Ziel war, dass man wirklich auch

beim Lesen diese Herzrhythmusstörung kriegt, die einen da befällt. Also in der Sekunde davor. Wenn die Luft ausholt.

**Literaturbeilage** Für mich wurde es beim Lesen in dem Moment so richtig bedrohlich, wo Sie zum ersten Mal die Warntafel auf dem Hochspannungsmast erwähnen, die fortwährend im Wind gegen das Metall schlägt.

**Wolf Haas** Dabei ist das an sich ein harmloses Ding.

**Literaturbeilage** Ja, das Ding ist harmlos, wenn man's nur als das Blechschild nimmt, das im Wind gegen das Metall des Hochspannungsmastes klappert. Aber das gelbe Schild trägt ja eine Aufschrift.

**Wolf Haas** *Lebensgefahr!* Sogar bei Schönwetter macht einem das ein unangenehmes Gefühl. Man wandert durch diese idyllische Landschaft, plötzlich steht da auf einem Sciencefiction-Hochspannungsmast schwarz auf gelb *Lebensgefahr!* In einer Umgebung, wo man noch eher erwarten würde, von einem Wildtier bedroht zu werden als von einer Spitzenstromleitung. Das Ganze hat was von einem Atommülllager, also da braucht es gar nicht unbedingt ein Gewitter, damit man sich unwillkommen fühlt.

**Literaturbeilage** Aber das Gewitter war da.

**Wolf Haas** Noch nicht!

**Literaturbeilage** Aber es war schon finster. Das Schild können die beiden nur lesen, wenn die Blitze es beleuchten. Man fragt sich ja die ganze Zeit, warum sie nicht endlich umkehren. Warum sie nicht hinunterrennen. Warum sie immer noch auf die Stromautobahn zugehen.

**Wolf Haas** Ja, ganz genau. Stattdessen rennen sie hinauf. Allein das Rennen ist ja schon eine bergsteigerische Todsünde. Man darf auf einen Berg nie rennen, auch wenn man es noch so eilig hat. Das ist ein Wissen, das Anni mit der Muttermilch eingesogen hat.

**Literaturbeilage** Seit das Gewitter tatsächlich aufgezogen ist, hat Anni wieder das Kommando übernommen.

**Wolf Haas** Ich glaube, sie sind jetzt einfach gerannt, weil sie endlich die Stromautobahn hinter sich haben wollten. Man hat ja auch Angst, dass es in den Mast einschlägt. Und wenn man da direkt daneben steht –

**Literaturbeilage** Dafür ist das Gewitter aber noch zu weit entfernt. Sie beschreiben einen Blitz, der über den Himmel zuckt und auf der anderen Talseite in ein Feld einschlägt. Bei der Gelegenheit erläutern Sie, dass es eigentlich nur so aussieht, für die Augen der „Wetter-Normalverbraucher", als würden die Blitze immer von den Wolken Richtung Erde zucken. Ich hab das nachgeschlagen, es stimmt würklich, was Sie behaupten.

**Wolf Haas** Dass die Luft sich in alle Richtungen entlädt?

**Literaturbeilage** Ich hatte das nicht geglaubt, dass die Blitze statt aus dem Himmel in die Erde genauso aus dem Boden himmelwärts zucken.

**Wolf Haas** Warum hätte ich es dann behaupten sollen?

**Literaturbeilage** Ich frage mich immer noch, ob es Ihnen bei dieser Betonung der Blitzrichtung um eine Mann-Frau-Symbolik geht.

**Wolf Haas** Nein, um Gottes Willen. Das ist wirklich so! Die Blitze zucken genauso von unten nach oben. Die haben ja kein Gewicht, also warum sollen sie sich nach unten bewegen. Die entladen sich in alle Richtungen!

**Literaturbeilage** Ich weiß. Aber es würde ja als Vorausdeutung durchaus auch Sinn machen. Wenn man bedenkt, was dann zwischen Anni und Vittorio –

**Wolf Haas** Mich hat daran nur fasziniert, dass einen die Augen so betrügen. Die beiden versuchen verzweifelt, das Gewitter durch Zählen zu kontrollieren. Also durch einen Vergleich ihrer optischen und akustischen Sinnesdaten sozusagen. Dabei betrügen ihre Augen sie von vornherein.

**Literaturbeilage** Sie schreiben, dieser Blitz, der sekundenlang über den Himmel zuckte, war immer noch zwei Kilometer entfernt.

**Wolf Haas** Ungefähr zwei Kilometer. Vittorio hat sechs Sekunden gezählt, Anni fünf. So genau ist das mit dem Zählen ja auch wieder nicht. Das war in dem Moment, als sie am Hochspannungsmast vorbeigerannt sind.

**Literaturbeilage** In Ihrem Buch heißt es, der Hochspannungsmast hätte aufgeleuchtet wie so eine Las-Vegas-Lichtinstallation. Waren Sie denn schon mal in Vegas?

**Wolf Haas** Ich nicht. Aber Herr Kowalski war einmal mit Riemer dort.

**Literaturbeilage** Da gibt's nämlich würklich einen Eiffelturm. An den musste ich denken, als ich die Stelle las.

**Wolf Haas** In Wirklichkeit hat der Mast natürlich nicht selbst aufgeleuchtet, sondern das Metall hat nur die über den Himmel zuckenden Blitze reflektiert.

**Literaturbeilage** Man hat beim Lesen die ganze Zeit die Erwartung, dass die Gefahr von dieser Stromautobahn ausgeht. Wegen der Aufschrift *Lebensgefahr!* und so weiter. Ich dachte, der Blitz schlägt womöglich in diesen Mast ein oder ürgend so was. Ein Hochspannungskabel kommt runter!

**Wolf Haas** Diese Angst beschleicht mich auch immer, wenn ich in die Nähe einer Stromautobahn komme. Dass ein herunterfallendes Stromkabel versehentlich den Boden unter meinen Füßen unter Strom setzt. Ist natürlich kompletter Blödsinn. Das Schild mit der Aufschrift *Lebensgefahr!* wirkte so bedrohlich, weil es an einer Ecke schlecht befestigt war. Dadurch hat die Blechtafel im Wind so laut gegen das Metall geschlagen. Aber passiert ist natürlich nichts. Die Lebensgefahr besteht ja nur, wenn man auf den Mast klettert.

**Literaturbeilage** Das haben die beiden nicht gemacht. Sie sind heil auf der anderen Seite der Stromautobahn herausgekommen.

**Wolf Haas** Das sind ja nur ein paar Meter. Zwanzig Meter vielleicht. Sie sind unter der Stromautobahn durchgerannt und dann weiter den Hügel hinauf. Auf der anderen Seite der Stromautobahn hat die Welt genau gleich ausgesehen. Das hat Vittorio ja schon als kleinen Jungen so fasziniert. Wenn sie bei der Anreise über die Grenze nach Österreich gefahren sind. Dass die Welt auf der anderen Seite exakt gleich aussieht.

**Literaturbeilage** Das hat mich als Kind auch immer fasziniert, wenn ich mit meinen Eltern zu meiner Großmutter nach Holland gefahren bin.

**Wolf Haas** Grenzüberschreitungen sind immer eine wahnsinnige Enttäuschung.

**Literaturbeilage** Inzwischen hatten die beiden wohl andere Sorgen. Anni wollte das rettende Schmugglerlager ihres Vaters erreichen.

**Wolf Haas** Das war für mich am schwersten zu beurteilen, was Anni in diesem Moment wirklich vorhatte. Ob sie von vornherein zum Schmugglerlager wollte. Also seit es finster geworden ist. Ich hab auch versucht, das offen zu lassen. Vielleicht ist das auch eine Schwäche des Romans. Meine persönliche Meinung dazu ist, dass es eine wilde Mischung von Motiven und Gefühlen war.

**Literaturbeilage** Eine Mischung aus Angst und Lust?

**Wolf Haas** Sie hatte natürlich selbst Angst vor dem Gewitter, das ist ja klar. Sie hat genau gewusst, dass sie ganz schnell Schutz finden müssen. Aber sie genoss es auch, Vittorio Angst einzujagen, indem sie ihn immer weiter getrieben hat. Sie ist vielleicht aus dieser gespielten Überlegenheit nicht mehr herausgekommen. Sie musste die Pose der Überlegenheit jetzt durchziehen.

**Literaturbeilage** Jetzt hätten sie noch kehrtmachen und ins Dorf hinunterrennen können.

**Wolf Haas** Das wäre allerdings ihr sicherer Tod gewesen. Gottseidank sind sie nicht hinuntergerannt. Auf der anderen Seite der Stromautobahn haben sie kurz verschnauft und ins Tal hinuntergeschaut.

**Literaturbeilage** Da hat es immer noch nicht geregnet.

**Wolf Haas** Immer noch kein Tropfen. Das war für mich natürlich schon eine Verlockung, im Roman zu behaupten, auf der anderen Seite der Stromautobahn hätte es plötzlich geregnet, als wäre das eine ominöse Wetterscheide oder so.

**Literaturbeilage** Nein, das wäre zu konstruiert gewesen.

**Wolf Haas** Ja furchtbar. Und außerdem war's nicht so. Sie haben immer noch keinen Tropfen gespürt. Normalerweise gibt es ja immer diese Minuten vor einem Gewitter, wo es ein paar Sekunden lang tröpfelt, dann hört es wieder auf, dann tröpfelt es wieder. Also so ein paar unentschlossene Minuten, das ist vor einem Gewitter eigentlich normal. Aber dafür war das Gewitter immer noch zu weit weg. Es war immer noch fünf Sekunden weg, also fast zwei Kilometer.

**Literaturbeilage** Die Sekunde, bevor es dann runterkommt, beschreiben Sie ja fast als mystischen Moment.

**Wolf Haas** Na ja, es ist nicht alles, wo ein Licht am Himmel aufflammt, gleich ein mystischer Moment.

**Literaturbeilage** Sie beschreiben den Blitz aber nicht als den üblichen Blitzschlag, wie man ihn kennt, das kurze Aufzucken des Blitzlichtes eben. Sondern für mehrere Sekunden wird die ganze Hügelkette unter ihnen unnatürlich hell erleuchtet, und ein- und derselbe Blitz scheint über mehrere Hügel zu wandern, ohne seine Leuchtkraft zu verlieren.

**Wolf Haas** Mystisch würde ich nicht unbedingt sagen. Aber angesichts der Sachen, die eben dann noch passiert sind –

**Literaturbeilage** Das Mystische kommt ja nicht nur von dem lang anhaltenden Blitzlicht. Sondern es liegt vor allem am ausbleibenden Donner.

**Wolf Haas** Ja. Die beiden beginnen wieder zu zählen. Noch bevor der Blitz überhaupt verloschen ist, zählen sie schon. Aber sie zählen ins Leere sozusagen.

**Literaturbeilage** Sie ziehen die Formulierung sogar iterativ über mehrere Sätze. Ich hatte den Eindruck, dass Sie mit dieser Satzkette diesen nie verlöschenden Blitz sozusagen syntaktisch abbilden oder nachbauen wollten.

**Wolf Haas** Wirklich? Welche Satzkette meinen Sie?

**Literaturbeilage** Na diese betont ungrammatische Stelle hier. Sie schreiben, dass „der Blitz den ganzen immer noch nicht regnenden Nachthimmel taghell erleuchtete, aber der Donner. Soweit man schauen konnte, erstrahlte die Landschaft in diesem unnatürlich grellen Licht, aber der Donner."

**Wolf Haas** Ja okay.

**Literaturbeilage** „Wir gingen, wir liefen, wir schnauften, wir stolperten, wir eilten, wir hasteten, wir zitterten, wir rannten auf der anderen Seite der Stromautobahn noch steiler bergauf, aber der Donner."

**Wolf Haas** Ich weiß schon, welche Stelle Sie meinen.

**Literaturbeilage** „Wir drehten unsere Köpfe nach dem

nicht verlöschenden Blitz, der den ganzen Hügel und das ganze Tal und das ganze Gebirge und den ganzen Himmel in sein gewaltiges Hochspannungslicht tauchte, aber der Donner."

**Wolf Haas** Aber der Donner kam nicht.

**Literaturbeilage** „Aber der Donner kam nicht." Und da machen Sie sogar noch einen Absatz, bevor Sie den Satz so beenden.

**Wolf Haas** Dass Sie das als Abbild des nicht verlöschenden Blitzes lesen, gefällt mir. Ich glaub aber eher nicht, dass ich daran gedacht habe. Ich kämpfe beim Schreiben immer mit anderen Dingen, also es sind vor allem sozusagen Gewichtsprobleme, weil mir das Flugzeug immer zu schwer wird, weil ich zu viel Informationsgepäck dabeihabe, Übergepäck. Und da schau ich, was kann ich noch als Handgepäck reinschwindeln, oder wem kann ich was anhängen, ohne dass er mich für einen Terroristen hält, und so weiter.

**Literaturbeilage** Jetzt lasse ich mich mal nicht ablenken von Ihnen. Ich habe den Eindruck, dass Ihnen diese Lesart „mystischer Moment" unangenehm ist.

**Wolf Haas** Nein gar nicht. Vielleicht haben Sie auch Recht. Es ist ja auch wirklich gewaltig, wenn so eine ganze Landschaft sekundenlang in so einer irrsinnig hellen Lichtblase steht. Da kann man schon Gefühle kriegen sozusagen. Ich find's nur vielleicht etwas zu hochtrabend. Letzten Endes ist es nur ein Gewitter.

**Literaturbeilage** Es geht nicht nur um den Blitz, der die ganze Gebirgskette taghell erleuchtet. Und es ist auch nicht unbedingt nur der ausbleibende Donner, der das rationalisierende Zählen der beiden jungen Verliebten ins Leere laufen lässt.

**Wolf Haas** Für mich ist eigentlich schon der Donner, also der ausbleibende Donner, das Bedrohlichste.

**Literaturbeilage** Zusammen mit dem Donner bleibt aber sozusagen für einen Atemzug lang die ganze Welt aus. Ich hab mir diese Stelle hier angestrichen: „Es blitzte nicht. Es donnerte nicht. Es regnete nicht einmal! Es ging nicht einmal der Wind. Es war für eine Sekunde so ruhig, weil die Grillen nicht mehr zirpten und die Insekten nicht mehr schwirrten und die Regengüsse noch nicht rauschten. Es war so still, weil die Stromautobahn nicht mehr surrte."

**Wolf Haas** Ja, das ist schon irre. Das mit der Stromautobahn, dass die nicht mehr gesurrt hat, ist natürlich ein Vorgriff. Die Stromautobahn hat logischerweise erst eine Sekunde später nicht mehr gesurrt. Da könnten jetzt diese Leute, die bei Filmen so leidenschaftlich nach Regiefehlern suchen, ihre Freude haben.

**Literaturbeilage** Das scheinen ja Ihre speziellen Freunde zu sein.

**Wolf Haas** Weil es ist ja logisch falsch! Es heißt nämlich auf derselben Seite, das Einzige, was man ganz leise hörte, waren die Wetterglocken, die man plötzlich vom Dorf herauf hörte.

**Literaturbeilage** Ja die Wetterglocken. Die sind auch sehr wichtig für die Stimmung in diesem Moment. Und Sie schreiben wörtlich, „aus unendlicher Ferne" hört man die Wetterglocken. Das klingt fast so, als würde das Glockenläuten vom Himmel kommen.

**Wolf Haas** Es kommt aber von der Dorfkirche herauf. Und wenn die Stromautobahn wirklich jetzt schon nicht mehr surren würde, könnten ja auch die Glocken nicht mehr läuten. Die werden ja auch elektrisch angetrieben.

**Literaturbeilage** Also ne. Das ist doch für den Leser völlig nebensächlich an dieser Stelle, alles hört auf, alles verstummt, die Landschaft steht in einem Lichtkegel,

als würde gerade ein Ufo landen – ob da jetzt die Stromautobahn auch noch genau in dem Moment verstummt
oder erst eine Sekunde später, das ist doch völlig egal.

**Wolf Haas**  Egal ist es nicht.

**Literaturbeilage**  Ich meine, so streng logisch liest doch
kein Mensch. Ob da jetzt die unendlich weit entfernten
Kürchenglocken läuten dürfen, wenn doch die Stromautobahn nicht mehr surrt. Vielleicht werden die Kürchenglocken ja von einer anderen Stromautobahn ver-
sorgt.

**Wolf Haas**  Ja, von der Gegenfahrbahn.

**Literaturbeilage**  Oder der Küster hat händisch geläutet.

**Wolf Haas**  Das gibt's nur mehr im Wilden Westen.

**Literaturbeilage** Oder die schweren Glocken schwingen
noch ein paarmal nach, obwohl der Strom schon aus
ist. Oder der langsame Schall ist eben schon ein paar
Sekunden unterwegs! Der kriecht da eben erst gemäch-
lich den Berg rauf mit seinen 340 Metern pro Minute
oder wie viel das sind.

**Wolf Haas**  Ja pro Sekunde.

**Literaturbeilage**  Wenn Sie schon so strenge Maßstäbe
anlegen, dann ist doch das mit der Luft wesentlich un-
glaubwürdiger.

**Wolf Haas**  Was ist mit der Luft?

**Literaturbeilage**  Sie schreiben, alles ist weg. Kein Donner mehr. Kein Wind mehr. Kein Regen. Kein Insektensurren. Und das Ganze gipfelt doch darin, dass die Luft
zum Atmen weg ist.

**Wolf Haas**  Ja. Die Luft ist weg.

**Literaturbeilage**  Sie schreiben das aber nicht ürgendwie metaphorisch oder so. Sondern das wird ganz real
behauptet. Die Luft ist weg. Natürlich gibt es dahinter
auch eine Ebene, wo man vielleicht an das Asthma seiner Mutter denkt.

**Wolf Haas** Nein, das Asthma war ja nur eingebildet. Vorgetäuscht eigentlich.

**Literaturbeilage** Dagegen wird hier der realistische Anspruch sogar noch betont durch diese pseudowissenschaftliche Assoziation, wenn Sie wörtlich schreiben: „Die Alpenluft, die wir gerade noch in unserer Atemlosigkeit gierig eingesaugt hatten, die gesunde, rote Blutkörperchen erzeugende Höhenluft, mit der wir unsere Sauerstoffschuld begleichen wollten, die ganze gute Luft hatte sich einfach zusammengeballt und entfernt."

**Wolf Haas** Was glauben Sie, wie sich das anfühlt, wenn so ein Gewitter fünf Sekunden überspringt! Gerade war es noch zwei Kilometer entfernt, und auf einmal.

**Literaturbeilage** Man nimmt es natürlich insofern doch auch als hyperbolische Darstellung wahr –

**Wolf Haas** Nicht hyperbolisch!

**Literaturbeilage** Lassen Sie mich das mal kurz sagen. Man liest es natürlich auch – Sie unterbrechen mich immer gerade dann, wenn ich Ihnen ein Kompliment machen will. Ich finde das ja wunderbar, wie sich diese Parallele zu der Anfangssequenz mit der Luftmatratze ergibt.

**Wolf Haas** Jetzt hab ich auch einen mystischen Moment. Oder zumindest ein Blackout. Einen Stromausfall. Ich weiß nämlich ehrlich nicht, was Sie meinen.

**Literaturbeilage** Na, wie die Luftmatratze bei der Anreise die Luft aus dem Autoinneren saugt.

**Wolf Haas** Ach so. Aber da sind hundert Seiten dazwischen. Obwohl – das ist eigentlich super, was Sie da sagen! Vorne saugt die Luftmatratze die Luft aus dem Autoinneren, und jetzt saugt das Wetter die Luft aus der Landschaft.

**Literaturbeilage** Also ich bin jetzt nicht sicher, ob Sie mich verarschen oder was.

**Wolf Haas** Ich will mich ja nur nicht mit Ihren Lorbeeren schmücken. Mir gefällt das total gut, dass Sie das zusammentun. Aber vielleicht muss man sich beim Schreiben wirklich in eine Art künstliche Verblödung – da wären wir wieder beim mystischen Moment. Aber lassen wir das. Im Moment kann ich's selber nicht recht glauben, dass mir das nicht aufgefallen ist.

**Literaturbeilage** Herr Haas, Sie sind doch kein naiver Autor. Sie geben sich zwar gern so ein bisschen östreichisch-dumm. Aber Sie können doch nicht vorne fünf Seiten über Luftmatratzen schreiben, die die Luft aus dem Autoinneren saugen, und dann so tun, als wäre nichts, wenn Sie seitenlang beschreiben, wie, bevor's dann endlich runterkommt, die Luft aus der Landschaft abgesaugt wird. Sie beschreiben das ja nicht mit einem Satz oder so. Da bleibt einem ja würklich beim Lesen die Luft weg. Sie schildern, wie die beiden Verliebten ein paar Meter hinter der Stromautobahn anhalten und sich, bevor sie den steilen Anstieg in Angriff nehmen, noch einmal umdrehen und in das nicht mehr verlöschende Licht blicken und –

**Wolf Haas** Sie sagen immer „die Verliebten". Das Wort kommt im ganzen Buch nicht vor.

**Literaturbeilage** Und dann schreiben Sie, wie alles verstummt und verschwindet, sogar die Luft, in der die beiden – also nicht „Verliebte" zu sagen, wenn man weiß, was auf die beiden zukommt, wäre doch ürgendwie künstlich – in der also die beiden *Verliebten* stehen. Und der Text holt da würklich sehr, sehr weit aus, es erinnert auch stilistisch stark an die etwas überhöhte Luftmatratzenpassage. Ich lese Ihnen das mal vor.

**Wolf Haas** Nein, ich weiß schon, was Sie meinen.

**Literaturbeilage** „Die ganze uns und das Tal und das Gebirge und die Welt umgebende Luft muss sich verdichtet und auf die Reise gemacht haben, um weit draußen, dort wo die Troposphäre an die Stratosphäre stößt, zum Schlag gegen uns auszuholen. Es war –"

**Wolf Haas** Ja okay.

**Literaturbeilage** „Es war, als hätte die geballte Luft dort draußen bereits den Deckel aufgestoßen, den die Stratosphäre auf die Troposphäre hält, als hätte sie die Tropopause schon überschritten, als wäre sie schon wie bei einem schweren Vulkanausbruch in die Stratosphäre eingedrungen, damit sie rund um die Erde sausen und von der anderen Seite zurückkommen und uns von der Erde fegen konnte."

**Wolf Haas** Pfff. So isoliert ist das schwer auszuhalten. Ich hab das Ganze ja nur gebraucht wegen dem Boxer. Als Vorbereitung. Das ist überhaupt so bei mir, ich schreib oft ganze Kapitel, nur damit eine Zeile, um die es mir geht, gut motiviert ist.

**Literaturbeilage** Wieso mussten Sie diesen Boxer-Vergleich so lange vorbereiten?

**Wolf Haas** Na ja, weil es so ein unmöglicher Vergleich ist. Ein schrecklicher Vergleich eigentlich, wie aus dem europäischen Schulaufsatzwettbewerb.

**Literaturbeilage** Haben Sie an dem mal teilgenommen?

**Wolf Haas** Wieso, gibt's den wirklich?

**Literaturbeilage** Sie finden es schrecklich zu sagen, die Luft hat sich entfernt wie die Faust eines Boxers.

**Wolf Haas** Ja sicher! Da zieht's mir eigentlich alles zusammen. Die Luft hat sich entfernt wie die Faust eines schwitzenden Boxers, um einen Augenblick später zurückzuschnellen und die beiden Verliebten von der Bildfläche zu fegen, das ist –

**Literaturbeilage** Jetzt haben Sie selbst „Verliebte" gesagt.

**Wolf Haas** – eigentlich ein schreckliches Bild. Darum

musste ich es eben gut einbetten, damit es dann doch halbwegs durchgeht.

**Literaturbeilage** Wieso haben Sie den Boxer nicht einfach rausgestrichen?

**Wolf Haas** Weil ich ihn für die Schweißtropfen gebraucht habe. Die waren für mich einfach unverzichtbar. Ich hätte nicht gewusst, wie ich das sonst machen soll. Das ist nämlich so, wenn ein Gewitter diesen Sprung macht. Vor fünf Minuten war noch der herrlichste Sommertag. Vor drei Minuten ist es erst dunkel geworden. Vor einer Minute hat man noch gedacht, der Regen kommt und kommt nicht. Vor dreißig Sekunden hat man geglaubt, das Wetter wird wohl hinten hinuntergehen. Vor zwanzig Sekunden ist es noch unerträglich schwül gewesen. Vor zehn Sekunden ist erst die Temperatur in den Keller gefallen. Vor einer Sekunde ist erst die Luft verschwunden.

**Literaturbeilage** Wie wenn ein Boxer die Faust zurückzieht.

**Wolf Haas** Ja, ich weiß eh, dass das ein bisschen mühsam klingt. Aber den Boxer hab ich nicht für den Schlag gebraucht. Sondern nur wegen den Tropfen. Weil es dann ja nicht einfach zu regnen anfängt. So ist es ja nicht! Es ist ja nicht so, dass es einfach in Kübeln vom Himmel kommt. Jetzt muss ich auch einmal was Englisches sagen. Wissen Sie, wie man auf Englisch sagt? Es regnet Leintücher.

**Literaturbeilage** Was sind Leintücher?

**Wolf Haas** Bettlaken. *Sheets.*

**Literaturbeilage** Ach ja, *it's raining sheets!*

**Wolf Haas** Es regnet Bettlaken, Leintücher, also ohne Luft dazwischen. Flächenregen. Nein, nicht Flächenregen. Regenflächen! Der Himmel fällt vom Himmel sozusagen. Darum schiebt es ja die Luft so brutal über die Felder.

**Literaturbeilage** Aber Sie sagen, die Regenflächen kommen nicht einfach so?

**Wolf Haas** Vorher gibt es eben diesen Moment. Luft weg. Temperaturabfall, als hätte das Leichenschauhaus Tag der offenen Tür.

**Literaturbeilage** Das ist gut! Tag der offenen Tür im Leichenschauhaus. Schade, dass Sie das nicht im Buch geschrieben haben.

**Wolf Haas** Nein, so was kann man Herrn Kowalski beim besten Willen nicht in den Mund legen.

**Literaturbeilage** Schade, da spürt man richtig die Temperatur sinken, bei der Vorstellung, wie die Tür so einer Leichenhalle aufgeht.

**Wolf Haas** Ja, die große Kühlschranktür. So ein ruckartiger Temperaturabfall, das hat schon was. Aber darum ging es mir nicht. Sondern eben um die paar feinen Tropfen, die gleichzeitig von vorn, darum ging es mir, die von vorn kommen, also nicht von oben, nicht Regen, es regnet ja noch nicht, sondern sozusagen statt dem Wind spritzen diese feinen Tropfen, eben wie wenn so ein Schwergewichts-Tier zum vernichtenden Schlag ansetzt, und als Vorboten der Vernichtung spritzen dem Gegner ein paar Schweißtropfen ins Gesicht.

**Literaturbeilage** Den eigentlichen Schlag haben die beiden dann ja gar nicht richtig mitgekriegt.

**Wolf Haas** Wie es eigentliche Schläge so an sich haben.

**Literaturbeilage** Und als Leser geht's einem im Grunde genauso. Man hat ja auch beim Lesen ürgendwie so ein Trägheitsmoment. Und während die beiden schon ganz woanders sind, verharrt man immer noch. Man ist in seiner Leseträgheit eigentlich noch unten, wo die beiden gerade erst die Stromautobahn unterquert haben, wo sie ein paar Meter nach der Stromautobahn kurz verschnaufen und dem Blitz nachschauen.

**Wolf Haas** Ja, die lange Sekunde davor.

**Literaturbeilage** Es regnete nicht und es blitzte nicht und es donnerte nicht. Und es surrte auch nicht mehr. Die Insekten waren auch weg. Es war absolut still.

**Wolf Haas** Nur die gelbe Tafel mit der Aufschrift *Lebensgefahr!*, die sich gerade noch am Hochspannungsmast befunden hatte, trieb laut scheppernd über den Hügel.

**Literaturbeilage** Tanzte.

**Wolf Haas** Bitte?

**Literaturbeilage** Im Buch heißt es: „Nur die gelbe Blechtafel mit der Aufschrift *Lebensgefahr!* tanzte laut scheppernd über den Hügel." Ich sage das nur, weil sich mir dieses Bild so eingeprägt hat.

**Wolf Haas** Jetzt steht „tanzte" drinnen? Ja stimmt, ich hab da ziemlich oft herumgebessert: Tanzte, trieb, hüpfte. Normalerweise ist mir so was wurscht. Aber hier war es mir auf einmal sehr wichtig. Diese Bewegung der Blechtafel, die über den Hügel hüpft.

**Literaturbeilage** Wie zuvor der Blitz.

**Wolf Haas** Aber ehrlich gesagt hätte ich jetzt lieber „trieb" geschrieben als „tanzte". Das Hüpfende ist ja schon im „Scheppern" enthalten, also dass sie immer wieder aufschlägt und so weiter. Ich weiß nicht, warum, aber das ist irgendwie meine Lieblingsstelle im ganzen Buch. Ich hab immer so meine persönliche Lieblingsstelle, wo niemand richtig nachvollziehen kann, wieso gerade das.

**Literaturbeilage** Ich dachte, das mit dem Lippenstift auf der Backe sei Ihre Lieblingsstelle?

**Wolf Haas** *(lacht)* Da meinte ich diese Stelle, wo er hingeküsst wird.

**Literaturbeilage** Zwei Zentimeter in gerader Linie vom äußeren Augenwinkel?

**Wolf Haas**  Das ist meine Lieblingsstelle. Kussmäßig.

**Literaturbeilage**  Ach ne. Dann bleiben wir lieber bei Ihrer anderen Lieblingsstelle.

**Wolf Haas**  Ehrlich gesagt hab ich mehrere.

**Literaturbeilage**  Ich meine jetzt diese Blechtafel mit der Aufschrift *Lebensgefahr!* Was mögen Sie gerade an dieser Stelle so besonders?

**Wolf Haas**  Wie sie so über die Felder dahinscheppert wie in einem alten Western, so geisterstadtmäßig. Das hat so eine bestimmte Stimmung für mich. Und es regnet immer noch nicht. Man hört nur das Scheppern, und sonst hört man nichts.

**Literaturbeilage**  Sie schreiben: „Sonst hörte man nichts. Nur der Strommast knickte ein."

**Wolf Haas**  *(lacht)*

**Literaturbeilage**  „Nur der Strommast knickte ein. Und im selben Moment ging eine gelbe Neonlampe am schwarzen Himmel an. Und im selben Moment, wenn nicht eine Spur vor dem Licht, krachte ein Donner los, und wenn der Donner im selben Moment, wenn der Donner eine Spur vor dem Blitz ertönt, stehst du mitten im Wetter. Und –"

**Wolf Haas**  Im Nachhinein ärgere ich mich immer, wenn ich so lange Sätze schreibe.

**Literaturbeilage**  „– stehst du mitten im Wetter. Und im selben Moment, wo wir uns darüber wunderten, dass es immer noch nicht regnete, wenn nicht schon eine Spur bevor wir uns darüber gewundert hatten, wenn nicht seit Menschengedenken, denn man konnte sich gar nicht mehr vorstellen, dass hier jemals eine andere Landschaft gewesen war, rauschte dort, wo wir eben noch den Wanderweg bergauf gegangen waren, ein Wildbach den Wanderweg herunter."

**Wolf Haas**  Bitte lesen Sie mir nicht mein Buch vor.

**Literaturbeilage**  Ist Ihnen das unangenehm?

**Wolf Haas**  Das Absurde an dem Wildbach, der sie wieder zum Hochspannungsmast hinunterschwemmt, ist ja, dass er schon daherkommt, bevor den beiden richtig bewusst wird, dass der Luftstoß sie fünfzig Meter bergauf geschleudert hat. Fast bis zum Viehgatter hinauf! Der Wildbach, der sie wieder zum Hochspannungsmast mit hinunternimmt, stellt sozusagen die Ordnung wieder her.

**Literaturbeilage**  Ja. Und genau an der Stelle schweifen Sie – fast, als hätten Sie eine Fußnote eingefügt – eine halbe Seite lang zum Grubenunglück ab. Wo nach dem Bruch des Staubeckens im Oktober 1963 das Wasser in den Schacht eingebrochen ist und die Bergmänner mitgerissen hat.

**Wolf Haas**  Ich glaub, das besprechen wir lieber morgen. Ich bin heute schon ziemlich müde. Und außerdem sind wir jetzt sowieso mit diesem Abschnitt durch. Die beiden rennen hinauf ins Schmugglerlager und sind gerettet.

**Literaturbeilage**  Ich frage mich, was Sie mit einem Kritiker machen würden, der das so zusammenfasst.

**Wolf Haas**  Wieso? Viel mehr schreib ich doch auch im Buch nicht.

**Literaturbeilage**  Ich stimme Ihnen insofern zu, als diese Szene tatsächlich erstaunlich kurz ausfällt. Wenn man bedenkt, wie ausführlich Sie diesen ganzen Nachmittag beschrieben haben. Und die eigentliche Szene, an der der ganze Roman aufgehängt ist, ist Ihnen kaum mehr als eine Seite wert.

**Wolf Haas**  Eigentliche Szene. Ich bin da nicht so –

**Literaturbeilage**  Dann nenne ich es Schlüsselszene oder meinetwegen Plot-Point, wenn Sie damit weniger Probleme haben.

**Wolf Haas** Ich versteh schon, was Sie meinen mit „eigentliche Szene". Dass eben der ganze Roman nicht da wäre, wenn Anni ihm jetzt nicht sozusagen das Leben gerettet hätte. Aber ich finde, man kann solche Sachen nur kurz erzählen. Was soll man da groß schreiben? Sie rettet ihm das Leben, weil sie ihn daran hindert, bergab zu laufen. Das ist ein Satz. Statt ihn bergab in den Tod rennen zu lassen, packt sie ihn an der Hand und zieht ihn bergauf. Noch ein Satz. Sie retten sich ins Schmugglerlager. Dritter Satz. Vierter Satz: Sie reißen sich die völlig durchnässten Kleider vom Leib. Fünfter und sechster Satz: Nasse nackte Leiber im Heu, und das Heu fängt entsprechend zu duften an. Das ist natürlich schon eine wahnsinnig kitschige Situation. Also da hab ich gekürzt und gekürzt, und es war immer noch gleich unerträglich.

**Literaturbeilage** Wieso finden Sie das kitschig? Ich fand das überhaupt nicht kitschig. Ich bin sicher, Ihre Leserinnen lieben diese Stelle.

**Wolf Haas** Ich weiß nicht, das wäre jetzt eine indiskrete Frage. Sind Sie schon einmal im Heu gelegen?

**Literaturbeilage** Ich kann mir jedenfalls vorstellen, dass es sehr romantisch sein muss.

**Wolf Haas** Wieso können Sie sich das vorstellen?

**Literaturbeilage** Ich hab Ihr Buch gelesen!

**Wolf Haas** Ach das kommt überhaupt nicht raus. So was kann man gar nicht beschreiben. Ich hab das alles gestrichen. Ich hab ja jetzt nur den Satz drinnen gelassen, dass die beiden, also die beiden –

**Literaturbeilage** – Verliebten.

**Wolf Haas** Ja meinetwegen. Dass die beiden Nackerten da vor Kälte zitternd im Heu liegen. Und das Heu fängt an, diesen Duft zu verströmen.

**Literaturbeilage** Wie damals der Teer, als Annis Vater die Einfahrt betonierte.

**Wolf Haas** Nicht „betonierte". Asphaltierte! Beton duftet ja nicht. Aber frischer Teer, das ist wirklich ein Wahnsinn. Und die Straßenwalzen hinterlassen ja Wassertropfen auf dem frisch gewalzten, heißen Teer, das brutzelt so giftig irgendwie, das Wasser schimmert so ölig auf dem frischen Teer, das ist wirklich ein genialer Geruch, sag ich Ihnen, und wenn sich zwei durchnässte Körper ins Heu legen –

**Literaturbeilage** Im Buch beziehen Sie das allerdings auf die Tropfen, die über die durchnässten Jeans perlen. Sie schreiben, dass die beiden ihre „schweren Jeanstrümmer" zu Boden werfen, und –

**Wolf Haas** Jeanstrümmer, das gefällt mir selber. Nasse Jeans sind ja so furchtbare Trümmer. Besonders früher, als die Jeans noch so dick waren, sogar im Sommer. Und über die sind eben die Wassertropfen so geperlt. Das hat ihn erinnert.

**Literaturbeilage** An das Wasser der Straßenwalzen, das auf dem frischen Teer „gebrutzelt" hat, wie Sie schreiben. Als Annis Vater die Einfahrt asphaltierte.

**Wolf Haas** Ich kann ja nicht gut schreiben, zwei nasse nackte Körper im Heu. Da werde ich ja verhaftet, und auch noch mit Recht!

**Literaturbeilage** Von wem sollten Sie deswegen verhaftet werden?

**Wolf Haas** So wörtlich war das jetzt auch wieder nicht gemeint.

**Literaturbeilage** Das hab ich schon verstanden. Dass Sie meinen, Sie werden von der Kitschpolizei verhaftet oder so. Aber Sie schreiben ja nur einen einzigen Satz über den guten Duft des Heus und dass der Heuduft Vittorio an den Duft des giftigen Teers erinnert, als Annis Vater die Einfahrt asphaltierte.

**Wolf Haas** Heuduft. Da fällt mir ein, dass ich so einen

guten Namen für ein Herrenparfum hätte. „Satan". Ich glaube, damit könnte man richtig reich werden.

**Literaturbeilage** Das sollten Sie sich schützen lassen. Aber wir bleiben jetzt mal kurz beim Heuduft.

**Wolf Haas** Ja, sechster Satz oder wievielter war das? Der Duft des Heus. Der Heuduft. Wenn ich das nur ausspreche, hab ich ihn schon in der Nase.

**Literaturbeilage** Hoffentlich haben Sie keinen Heuschnupfen!

**Wolf Haas** Also der Heu-Satz. Nummer sechs oder sieben. Dann der Regen, der so brutal auf das Dach des Schmugglerlagers eindrischt, dass Anni fürchtet, das Dach kriegt Löcher. Also der Angst-Satz. Sie glaubt, es hagelt. Kinderkopfgroße Hagelgeschosse, so hört es sich an. Aber es ist nur der Regen!

**Literaturbeilage** Der Lakenregen.

**Wolf Haas** Genau. Der Hunde-und-Katzen-Regen. Dann noch ein Satz über die immer weiter sinkende Temperatur.

**Literaturbeilage** Tag der offenen Tür im Leichenschauhaus.

**Wolf Haas** Das Abfallen der Temperatur wird nur so betont, weil. Als Begründung sozusagen, dass sie sich eben aneinander wärmen müssen. Dann, glaub ich, noch ein Satz über die kriegsmäßigen Donnerdetonationen draußen und über die Blitze, die durch die Ritzen ihre Lichtgitter in die Hütte projizieren.

**Literaturbeilage** Und dann eben schon das Klopfen.

**Wolf Haas** Ja das Klopfen. Das war für mich die schwierigste Stelle. Ich weiß nicht, hätte ich das Klopfen lieber weglassen sollen. Aber andererseits. Man kann beim Schreiben nicht alles weglassen. Mich hat schon das mit dem Wetter so gestört. Also dass man unter Tage auch „Wetter" sagt.

**Literaturbeilage**  Da fängt das Kunsthandwerk an?

**Wolf Haas**  Da vielleicht noch nicht. Aber dass in Lengede die Männer unter Tage auch weggeschwemmt wurden.

**Literaturbeilage**  Und dass *Wetten, dass..?* so ähnlich wie „Wetter" klingt.

**Wolf Haas**  *(seufzt)*

**Literaturbeilage**  Darüber hat ja auch Gottschalk schon seinen Witz mit der „Wetterwette" gemacht.

**Wolf Haas**  Ja, immer diese Parallelen und Übereinstimmungen, als wäre die ganze Welt ein einziger mystischer Kaugummi.

**Literaturbeilage**  Mystischer Kaugummi – damit könnte man vielleicht auch noch reich werden. Obwohl – das wäre vielleicht eher was für Ihren östreichischen Kollegen Ransmayr.

**Wolf Haas**  *(lacht)* Das haben Sie gesagt.

**Literaturbeilage**  Oder Raoul Schrott.

**Wolf Haas**  Jedenfalls. All diese Parallelen hätten mich noch nicht so gestört. Aber dann auch noch die Klopfzeichen! Die Klopfzeichen im Bergbau, also bei den großen Rettungslegenden, da dreht sich ja alles um Klopfzeichen. Das ist die reinste Klopfzeichen-Mythologie, dieses berühmte „Und dann haben wir die Klopfzeichen gehört, am zehnten Tag" und so weiter.

**Literaturbeilage**  Und jetzt kommt da Annis Vater zur Hütte und macht auch Klopfzeichen.

**Wolf Haas**  Ja, er klopft eben an die Tür, weil seine Hütte von innen verriegelt ist. Das geht ja noch. Das ist eigentlich noch normales An-die-Tür-Klopfen. Zu „Klopfzeichen" wird es erst dadurch, dass die beiden ihm nicht aufmachen. Wie er plötzlich um sein Leben klopft.

**Literaturbeilage**  Also ich fand gerade das sehr kunstvoll gemacht.

**Wolf Haas** Ja eben. Eigentlich brauch ich da kein kunstvolles Klopfen. Er klopft einfach wie verrückt, weil er auch in das Wetter geraten ist. Er ist in Panik! Er will sich vor dem Wetter retten und findet sein eigenes Schmugglerlager verschlossen! Also das eigentliche Lager war natürlich unten – gut versteckt im Felskeller. Aber er ist ja nicht einmal oben hineingekommen!

**Literaturbeilage** Die Kinder haben die Tür von innen verriegelt, bevor sie sich nackt ins Heu gelegt haben. Es ist ja nicht ganz klar, ob sie die Klopfzeichen in dem Gewitterlärm würklich hören.

**Wolf Haas** Sie hören die Klopfzeichen! Aber sie liegen nackt, eng umschlungen im Heu. Sie reden sich ein, dass gar niemand klopft. Es ist nur der Gewitterlärm, flüstern sie sich gegenseitig zur Beruhigung ins Ohr.

**Literaturbeilage** Und sie machen die Tür nicht auf.

**Wolf Haas** Und sie machen die Tür nicht auf.

**Literaturbeilage** Und am nächsten Tag wird Herrn Bonatis Leiche bei einem Flusskraftwerk zwanzig Kilometer hinter der Grenze angeschwemmt.

**Wolf Haas** Ja eben. Sie haben schon Recht, das ist schon irgendwie so eine Art Kernszene.

**Literaturbeilage** Die letzte Reise des Schmugglers. Vom Hochspannungsmast zum Flusskraftwerk jenseits der Grenze.

**Wolf Haas** Fünfzig Kilometer in einem Hochwasser führenden Bach. Irgendwie hat das schon was.

**Literaturbeilage** Mehr als die Autobahn jedenfalls. Auf der sich die Gästefamilie aus dem Ruhrgebiet noch am selben Tag befand.

**Wolf Haas** Die sind natürlich fluchtartig aus Farmach abgereist. Und deshalb ist ja Vittorio dann fünfzehn Jahre nicht mehr hingefahren.

**Literaturbeilage** Wobei Sie erst viel später im Buch

die wahren Gründe für die überstürzte Abreise verraten.

**Wolf Haas**  Na ja. Man kann in einem Buch nicht alles
gleich am Anfang verraten.

**Literaturbeilage**  Sonst wäre es kein Film, wie Ihre Tante immer gesagt hat.

**Wolf Haas**  Außerdem hat Vittorio Kowalski ja auch
fünfzehn Jahre gebraucht, um die Wahrheit herauszu-
finden.

# Vierter Tag

**Literaturbeilage** Herr Haas, ich hatte gestern Abend im Hotel einige panische Minuten. Mir ist aufgefallen, wie viel mir noch fehlt! Wir haben noch immer nicht über Frau Bachl geredet.

**Wolf Haas** Das könnten wir ja jetzt machen.

**Literaturbeilage** Außerdem fehlt mir noch Frau Bonati, ihre fürsorgliche Arbeit in der Frühstückspension.

**Wolf Haas** Da hab ich aber auch nicht viel. Außer ihrem Ärger über die ewigen Lastwagenreparaturen und Ölwechsel, die ihr Mann statt in seiner Garage ausgerechnet in der Einfahrt zur Frühstückspension vornehmen musste.

**Literaturbeilage** Eben, dieser ganze Bereich fehlt mir noch! Die ständigen Streitereien von Vittorios Eltern hab ich ja auch noch nicht! Dann fehlen mir noch die Schmuggelfahrten von Annis Vater. Und die Rivalität der beiden Väter beim Bergsteigen.

**Wolf Haas** Das war aber einseitig. Vittorios Vater wollte eben unbedingt Anerkennung finden beim Bonati. Der war als Chef der Bergrettung natürlich arrogant. Er hat sich aber bemüht, es ihn nicht zu sehr spüren zu lassen. Zumindest wenn ihn seine Frau wieder einmal geschimpft hat, dass er nicht so herablassend sein soll.

**Literaturbeilage** Und ich habe vor allem noch nicht diesen interessanten Punkt, dass Kowalski senior sich hin und wieder sehr gekonnt bei einem anderen Thema revanchierte.

**Wolf Haas** Das war aber immer nur, wenn er was getrunken hat. Er hat nichts vertragen.

**Literaturbeilage** Obwohl er in einer Trinkhalle gearbeitet hat.

**Wolf Haas** Ja, der hat seine eigene Trinkhalle betrieben. Aber da hat er erst recht nichts getrunken. Alkohol in der Arbeit, dazu war der viel zu seriös. Höchstens im Urlaub! Und da ist er ihm regelmäßig in den Kopf gefahren. Besonders, wenn er vorher am Berg war.

**Literaturbeilage** Ja gut, der Alkohol war vielleicht der Auslöser. Aber inhaltlich waren ja seine Vorwürfe vollkommen berechtigt.

**Wolf Haas** Ein Wort hat eben das andere gegeben. Wenn der alte Kowalski mit seiner langen Ahnenreihe aus lauter Wettersteigern angegeben hat, war das noch irgendwie eine Kompensation für seine bergsteigerische Unterlegenheit. Aber dann hat eben der Bonati mit seiner langen Ahnenreihe von Schmugglern angegeben. Und wenn er dann mit seinen Blutorden-Onkeln dahergekommen ist, die in den dreißiger Jahren Waffen über das Gebirge aus Deutschland herübergeschleppt haben, war natürlich jedes Mal der schönste Nazistreit im Gang.

**Literaturbeilage** Das ist eigentlich die einzige Situation, wo Kowalski senior mal ein bisschen aus seiner schwachen Rolle rauskommt. Wie er sich da niemals anbiedert, sondern dem Schmuggler tapfer sagt, was er von diesen Vorfahren hält.

**Wolf Haas** Er wollte dem Bonati seine launige Erzählung von den Blutordenträgern nicht als romantisches Waffenschmuggler-Gschichterl durchgehen lassen.

**Literaturbeilage** Fand ich schon gut, dass der überhebliche Einheimische mit seinem „Gschichterl" nicht landen konnte bei seinem widerspenstigen Gast. Seiner Frau war's auch peinlich.

**Wolf Haas** Und den Kindern erst! Die beiden Männer

sind bei dem Thema ja immer ziemlich laut geworden, also wer sind jetzt die größeren Nazis, die Deutschen oder die Österreicher und so weiter.

**Literaturbeilage** Etwas prollig.

**Wolf Haas** Wenn sich Väter mit roten Schädeln laut-
stark die Meinung sagen, das ist für Kinder unerträglich. Andererseits hat sie das erst recht zusammengeschweißt, dass sie sich für ihre Eltern geschämt haben.

**Literaturbeilage** Scham ist ein gutes Stichwort. Wir müssen jetzt endlich über Vittorio Kowalskis Ankunft in Farmach sprechen. Sonst kommen wir überhaupt nicht mehr zur Hochzeit! Seine Ankunft war ja auch einigermaßen beschämend.

**Wolf Haas** Das wäre mir gar nicht so unrecht, wenn wir nicht mehr bis zur Hochzeit kommen. Da hab ich ja ehrlich gesagt am ehesten Erklärungsnotstand wegen dem ganzen Hollywoodkitsch. Aber diese Sachen färben natürlich auf die Realität ab, das ist ein altes Problem beim Schreiben. Was tut man als Autor mit einer selbstinszenierten Realität – mit Polizisten, die sich wie Fernsehpolizisten benehmen, und mit Bräuten, die wie im Kino heiraten möchten. Ohne dass es dann auf dich als Autor zurückfällt.

**Literaturbeilage** Wollen Sie sich jetzt aus der Verantwortung stehlen?

**Wolf Haas** Ich versuch doch nur, Ihren Zeitstress zu reduzieren.

**Literaturbeilage** Zur Hochzeit kommen wir schon noch, keine Sorge. Aber schön der Reihe nach. Ich darf Sie nur nicht zu sehr abschweifen lassen bei den einzelnen Fragen, dann schaffen wir das schon. Ich hab schon meine Gründe, dass ich gerade die Tage zwischen Vittorios Ankunft im Urlaubsparadies seiner Kindheit und Annis Hochzeit –

**Wolf Haas** Urlaubsparadies in dem Sinn ist das aber keines, das ist nur so ein Kaff, wo man ein bisschen wandern gehen kann. Seine Eltern sind ursprünglich nur hingefahren, weil es billig war. Wegen dem Vertrag, den die Ruhrkohle-AG mit dem Tourismusverband in Farmach hatte. Obwohl sein Vater eigentlich als Erster seiner Familie gar nicht bei der Ruhrkohle-AG gearbeitet hat. Darum war er auch der Bergbaugeschichte so sentimental verbunden und hat seinen Sohn von klein auf mit den Heldengeschichten indoktriniert.

**Literaturbeilage** Und der wurde dann ausgerechnet zum Zechenabbauer.

**Wolf Haas** Zum Glück hat sein Vater das nicht mehr erleben müssen. Und der Mutter war's wurscht.

**Literaturbeilage** Mir ist aufgefallen, dass Sie, kaum dass Vittorio Kowalski im Hotel angekommen ist, sofort einen neuen Countdown beginnen. Diese Methode des Runterzählens zieht sich ja als roter Faden durch das ganze Buch. Zuerst auf der Autobahn: Noch so und so viele Kilometer bis zur Grenze, dann das Gewitter, noch dreitausend Meter, noch zweitausendachthundert Meter, noch zweitausendfünfhundert Meter. Und jetzt eben: noch fünf, noch vier Tage bis zu Annis Hochzeit.

**Wolf Haas** Ich zähle eben gern. Zählen ist so eine Art Meditation für mich. Zählen beruhigt einfach. Schreiben macht mich irgendwie nervös, es geht immer gleich alles in so viele verschiedene Richtungen, das liegt mir eigentlich psychisch nicht sehr. Mir ist schnell etwas zu komplex, genauso wie mich ein verheddertes Schuhband narrisch macht. Zählen dagegen, das ist, wie wenn einem der Arzt ein Mittel gibt. Oder Yoga oder so. Oder irgendwie Physiotherapie, wo der sagt, stellen Sie sich doch einmal gerade hin, und da kann man als Autor zum Text auch sagen, stell dich doch einmal gerade hin, noch sieben Sekunden, noch sechs Sekunden, noch fünf Sekunden.

**Literaturbeilage**  So beruhigend ist das Zählen in Ihrem Buch allerdings keineswegs! Das weist doch alles auf die Explosion voraus!

**Wolf Haas**  Ja schon. Bei einer Sprengung ist das Hinzählen auf die Zündung eine Frage von Leben und Tod. Dass es so weit kommen wird, weiß man an der Stelle aber noch nicht.

**Literaturbeilage**  Zuerst kommt es mal zu den kleineren Katastrophen.

**Wolf Haas**  Die man ja immer als die großen Katastrophen erlebt.

**Literaturbeilage**  Kaum dass er seinen Wagen auf dem Hotelparkplatz abgestellt hat, erkennt er, dass er ausgerechnet in Lukkis Hotel ein Zimmer gebucht hat.

**Wolf Haas**  Er hatte extra in einem Hotel gebucht, dessen Namen ihm nichts sagte. Wellnesshotel Schwalbenwandblick. Früher hatte es ja in dem kleinen Ort noch gar keine richtigen Hotels gegeben, mehr so Frühstückspensionen.

**Literaturbeilage**  Wie die Frühstückspension Elisabeth von Annis Eltern.

**Wolf Haas**  Genau. Also dachte er automatisch, ein Vier-Sterne-Wellnesshotel, das muss neu sein, da kann er einmal gefahrlos buchen.

**Literaturbeilage**  In dem Moment, wo er das Hotel vor sich sieht, fällt ihm Lukki wieder ein.

**Wolf Haas**  Weil das Hotel an der Stelle steht, wo früher das Gasthaus von Lukkis Eltern war.

**Literaturbeilage**  Das Gasthaus Luckschmid.

**Wolf Haas**  Luckschmid. Ja, ist schon ein irrer Name, aber ich kann nichts dafür.

**Literaturbeilage**  Mit dem Namen hatte ich beim Lesen kein Problem. Ein großes Problem hatte ich allerdings mit dem Satz, der ihm durch den Kopf geht, als er aus dem Auto steigt.

**Wolf Haas**  „Ah, die gute Luft!" Dass er im Kopf die Stimme seiner Mutter hört, die sich nach der langen Anfahrt niemals aus dem Auto winden konnte, ohne diesen lustvollen Seufzer auszustoßen – das hat Sie gestört?

**Literaturbeilage**  Das meine ich nicht. Das fand ich sogar sehr schön. Wie er da seine vor Jahren verstorbene Mutter aufseufzen hört: „Ah, die gute Luft!" Aber schon vorher, noch bevor er ausgestiegen ist. Als er auf den Parkplatz einbiegt, trifft ihn beim Anblick des Hotels die furchtbare Erkenntnis, die er im Buch so wiedergibt: „Lukki, die brutale Sau, hatte ich ganz vergessen."

**Wolf Haas**  Das ist Ihnen zu brutal?

**Literaturbeilage**  Nein. Zu unglaubhaft. Ich kann nicht glauben, dass er seinen Rivalen Lukki im Lauf der Jahre völlig vergessen hat. Dass ihm sein Feind, muss man fast sagen, erst jetzt wieder einfällt. Erst als er realisiert, dass er ausgerechnet in Lukkis Hotel ein Zimmer gebucht hat.

**Wolf Haas**  Ich hatte natürlich auch ein Problem damit. Aber nicht wegen der Glaubwürdigkeit. Ich finde das durchaus glaubwürdig! Wie gesagt, in den letzten Jahren hatte er nur noch das Wetter im Kopf. Wenn er sich kaum noch an Anni erinnerte, warum sollte er nicht den Idioten aus dem Nachbarhaus komplett verdrängt haben?

**Literaturbeilage**  Womit haben Sie dann ein Problem?

**Wolf Haas**  Man kann eigentlich in einem Roman eine Hauptfigur nicht erst nach der Hälfte auftauchen lassen. Ich hab auch probiert, ihn einfach schon vorher einzubauen. Ich hätte Lukki ja wirklich problemlos schon bei der Anfahrt erwähnen können, wo sich auf der Autobahn all die Erinnerungen an die längst vergangenen Sommerferien zurückmelden.

**Literaturbeilage** Lukki war doch als Nachbarjunge Teil dieser sommerlichen Erinnerungen. Schwimmbad, Rad fahren, Federball –

**Wolf Haas** – verdroschen werden, minutenlang unter Wasser getaucht werden.

**Literaturbeilage** So was vergisst man doch nicht.

**Wolf Haas** Ja, wie gesagt, da hätte ich Lukki ganz leicht hineinschwindeln können in Kowalskis schweifende Gedanken während der Anfahrt. Auch wenn ihm, wie gesagt, Lukki in Wahrheit keine Sekunde in den Sinn gekommen ist. Sonst hätte er ja nicht vor dem Hotel plötzlich denken können: Die brutale Sau hatte ich ganz vergessen.

**Literaturbeilage** Und das war Ihnen so wichtig, hier einem dokumentarischen Wahrheitsanspruch zu genügen?

**Wolf Haas** Nein, im Gegenteil! Ich bin doch nicht der Sklave der Wahrheit! Aber je länger ich herumgepfuscht habe, umso klarer ist mir geworden, dass gerade seine reale Erinnerungslücke hier auch dramaturgisch die interessanteste Schräglage erzeugt. Gegen alle Regeln der Kunst sozusagen.

**Literaturbeilage** Allerdings auf Kosten der Glaubwürdigkeit. Man denkt sich als Leser, er kann Lukki doch nicht völlig vergessen haben.

**Wolf Haas** Vergessen nicht! Aber nicht an ihn gedacht. Das ist was anderes! Und dieses Ungleichgewicht, wie der auf einmal auftaucht, wo er gar nicht mehr auftauchen dürfte – wie nennt man diese Teufel, die so aus einer Kiste springen, wenn man den Deckel öffnet? Also „devil ex machina" sozusagen, wie nennt man die? Also nicht Teufel aus der Torte, und auch nicht Teufel aus dem Zylinder.

**Literaturbeilage** Springteufel?

**Wolf Haas** Ich weiß nicht. Nennt man die Springteufel? Oder Federteufel. Also wo die irgendwie so auf eine Feder montiert sind. Eigentlich ist es nur ein roter Teufelskopf, und der Körper besteht aus der Feder, und wenn man den Deckel öffnet, springt der heraus.

**Literaturbeilage** Um diesen Effekt ging es Ihnen? Dass Lukki wie der Springteufel plötzlich in den Roman springt?

**Wolf Haas** Ja, oder aus dem Buch herausspringt. Ich hab immer so ein Gefühl, dass Dinge aus dem Buch herausspringen sollten. Das ist so ein Schreibgefühl von mir. Das Papier ist so plan, so eine glatte Ebene, aber manchmal sollte da in der Mitte aus diesem Falz, oder wie man das nennt, was herausgreifen.

**Literaturbeilage** Oder heraushüpfen.

**Wolf Haas** Das ist so wie bei Henry Rollins, wo seine erste Freundin beim Geschlechtsverkehr immer so rote Flecken am Hals gekriegt hat, und er hat immer zu Gott gebetet, dass diese Flecken ein einziges Mal in Form eines Kreuzes auftauchen sollen!

**Literaturbeilage** Henry Rollins betet zu Gott? Und Sie beten zum Springteufel oder wie?

**Wolf Haas** Als Leser steckt man immer seine Nase so locker in ein Buch hinein. Und da soll auch einmal etwas heraushüpfen, solche Wünsche hab ich dauernd beim Schreiben, dass es auch einmal rumps macht.

**Literaturbeilage** Aber „rumps" macht es ja eher, als Herr Kowalski das Hotelfoyer betritt. Und als er sofort den Anschlag erblickt.

**Wolf Haas** Anschlag ist gut.

**Literaturbeilage** Kalauerfreie Zone! Also diese Mitteilung, dass der Chef des Hauses am kommenden Wochenende Anni heiraten wird.

**Wolf Haas** Ja, das ist schon. Das tut mir selber weh. Da denke ich heute noch ungern dran. Der fährt da nach fünfzehn Jahren durch halb Europa in den Urlaubsort seiner Kindheit –

**Literaturbeilage** Das hat ja auch was von einer Zeitreise, dieses Runterfahren in das Land der Vergangenheit.

**Wolf Haas** – und da hängt dann der Zettel im Foyer. Das tut mir heute noch weh. Da trittst du extra im Fernsehen auf, da hast du eine romantische Wette, dass es nur so kracht, du kriegst eine Karte, die der beste Freund gefälscht hat, du fährst hinunter, und dann steht da auf dem Zettel: Wegen der Hochzeit ist das Hotelrestaurant am nächsten Wochenende geschlossen.

**Literaturbeilage** Er muss ja würklich entgeistert auf den Zettel gestarrt haben. Weil der Nachtportier dem neu angekommenen Gast gleich beschwichtigend erklärt, das betreffe ihn nicht, es gelte erst fürs Wochenende.

**Wolf Haas** Nach der langen Fahrt war er natürlich streichfähig. Da hat er nicht mehr viel Energie zum Bluffen gehabt. Er hat Wirkung gezeigt.

**Literaturbeilage** Streng genommen konnte er hier noch gar nicht wissen, dass Lukki ausgerechnet Anni zum Traualtar führen würde. Ihrem Buch zufolge war auf dem Anschlag doch nur zu lesen, dass am nächsten Wochenende das Hotelrestaurant einen Tag geschlossen bleibt. Wegen der Hochzeit der Wirtsleute. Ohne Namen.

**Wolf Haas**  Ja. Zwei Tage.

**Literaturbeilage**  Aber keine Namen. Und in fünfzehn Jahren, da kann doch eine Menge passiert sein. Lukki hätte sich ja in fünfzehn Jahren schon hundertmal in eine andere Frau verlieben können.

**Wolf Haas**  Na ja, Sie kennen Anni nicht.

**Literaturbeilage**  Das reicht mir nicht als Erklärung. In fünfzehn Jahren kann doch –

**Wolf Haas**  Er hat es aber gewusst! So etwas weiß man eben in so einer Situation.

**Literaturbeilage**  Sie meinen, er spürt es.

**Wolf Haas**  *(lacht)* Genau, er spürt es! Männer spüren auch manchmal was. So wie Schnitzel.

**Literaturbeilage**  Schnitzel?

**Wolf Haas**  In der Wiener U-Bahn hat es vor Jahren so eine Vegetarierkampagne gegeben, also Werbeplakate gegen das Fleischessen. Da hat man ein armes Tier beim Schlachter gesehen, und darüber ist gestanden: „Ihr Schnitzel hatte Gefühle."

**Literaturbeilage**  Ekelhaft!

**Wolf Haas**  Na ja, und wenn er es nicht gespürt hätte –

**Literaturbeilage**  Bei Männern ist es dann natürlich kein Spürterror!

**Wolf Haas**  – dann hätte er es eben spätestens am nächsten Morgen erfahren. Als Anni an Lukkis Seite strahlend in den Frühstücksraum geschwebt kam.

**Literaturbeilage**  Zu der Szene wollte ich schon die ganze Zeit kommen. Seit Sie das mit dem Springteufel gesagt haben.

**Wolf Haas**  Oder Federteufel, ich weiß nicht, wie man die nennt. Ich möchte immer sagen, Teufel aus der Torte, aber das ist Blödsinn.

**Literaturbeilage**  Aus der Torte steigen nur nackte Damen.

**Wolf Haas**  Der Teufel der Plötzlichkeit. Das klingt wie ein Titel von Peter Handke.

**Literaturbeilage**  Lassen Sie mich meine Frage stellen. Sie sagen, es war Ihnen trotz aller Bedenken dann doch sehr recht, dass Lukki wie der Teufel plötzlich im Roman auftaucht.

**Wolf Haas**  Ja.

**Literaturbeilage**  Aber Sie schildern Lukki ja sehr sympathisch. Gar nicht als Teufel. Man hat den Eindruck, Lukki ist ein sympathischer junger Mann. Sportlich, gut aussehend, Hotelbesitzer. Ich hab mir da so einen östreichischen Skilehrer zu vorgestellt.

**Wolf Haas**  Ja klar. Er ist auch sympathisch. Ich kann ihn ja nicht als Bösewicht darstellen, nur weil er Vittorios Ferienliebe wegheiratet. Als Österreicher muss ich ja eigentlich sowieso zu Lukki halten. Außerdem ist sein sympathisches Auftreten nicht unbedingt ein Widerspruch. Der Teufel ist immer sympathisch.

**Literaturbeilage**  Also ist er jetzt für Sie doch ein Teufel?

**Wolf Haas**  Nein, für mich ist der überhaupt kein Teufel. Meine Frau hat er ja nicht geheiratet.

**Literaturbeilage**  Dazu würde ich Sie später auch gern noch einiges fragen.

**Wolf Haas**  Diesen blöden Begriff „Teufel" können wir aber gleich wieder vergessen. Ich wollte damit überhaupt nicht sagen, dass Lukki was Teuflisches an sich hatte. Obwohl es vom Aussehen nicht so schlecht passt, hageres Gesicht, große Nase, schwarze Augen. In Österreich sagt man übrigens, jemand ist „ein fescher Teufel".

**Literaturbeilage**  Ein schöner Mann.

**Wolf Haas**  Jaja, so ein Skilehrertyp eben, so ein Bergführer. Er hat ja auch gut zu Anni gepasst.

**Literaturbeilage**  Also was jetzt, Teufel oder nicht Teufel?

**Wolf Haas**  Darum will ich ja immer sagen, Teufel aus der Torte. Es geht mir dabei ja nicht inhaltlich um das Teuflische, sondern es geht mir um das Plötzliche, um das Tortenhafte, um dieses Herausschnellen aus der Schachtel. Plötzlich ist er da. Und nicht mehr wegzukriegen.

**Literaturbeilage**  Es heißt in Ihrem Buch ja sogar einmal, Lukki sei der beste Beweis für die These, „dass aus den brutalsten Kindern die nettesten Erwachsenen werden". Was ist denn das für eine These? Gibt's die würklich?

**Wolf Haas**  Nein, ich glaub nicht.

**Literaturbeilage**  Sie schreiben so was einfach so in Ihren Roman? Haben Sie keine Angst, dass die Leute das ernst nehmen, und am Ende geht's in das Alltagswissen ein?

**Wolf Haas**  Das hab ich mehr so für meine Freunde reingeschrieben. Weil die alle so verzogene Kinder haben. Also laut und frech. Unsympathische Fratzen. Und ich hab mir gedacht, die freuen sich vielleicht, wenn sie lesen, dass aus den brutalsten Kindern auch noch was Anständiges werden kann. Lukki war ja wirklich als Kind eine brutale Sau.

**Literaturbeilage**  Ich möchte Ihnen nicht zu nahe treten, aber Sie zählen das auch fast genüsslich auf, was Lukki als Kind alles mit dem körperlich unterlegenen Gästekind gemacht hat.

**Wolf Haas**  Ja tümpeln.

**Literaturbeilage**  Tümpeln?

**Wolf Haas**  Sagt man das nicht so? Also mit dem Kopf unter Wasser tauchen und minutenlang nicht mehr heraufauflassen.

**Literaturbeilage**   Ein Folterknecht. Aber ein „fescher Teufel"!

**Wolf Haas**   Kinder sind eben brutal. Und Vittorio hatte schlechte Karten. Ich konnte mir gerade noch verkneifen anzudeuten, er sei vielleicht deshalb ein bisschen komisch im Kopf geworden. Vom häufigen Sauerstoffentzug, wenn der brutale Lukki ihn im Schwimmbad untergetaucht hat.

**Literaturbeilage**   Das hat würklich eine böse Ironie. Die Mutter wollte wegen der guten Luft in den Ort fahren. Und ihrem Sohn ging regelmäßig die Luft aus.

**Wolf Haas**   Ja, aber sagen Sie jetzt nicht, dass das mit der Luftmatratzenstelle zusammenhängt.

**Literaturbeilage**   Für wie doof halten Sie mich eigentlich? Bei diesem Untertauchen steht für mich absolut die körperliche Gewalt im Vordergrund. Lukki ist offenbar würklich ein Beweis dafür, dass aus einem brutalen Kind auch noch was werden kann.

**Wolf Haas**   Ehrlich gesagt war es schon mehr ein Trick, dass ich das so betont habe. Ich brauchte den Satz über die brutalsten Kinder als Vorbereitung, um den Satz über Anni unterzubringen.

**Literaturbeilage**   Lukki ist ein Beweis dafür, dass aus den brutalsten Kindern oft die nettesten Erwachsenen werden, und Anni ist ein Beweis dafür, dass aus den schönsten Frauen –

**Wolf Haas**   Nein, nicht aus den schönsten Frauen. Andersrum. Anni ist ein Beweis dafür, dass aus den rotzigen Mädchen die schönsten Frauen werden. Ich bin einfach verliebt in diesen blöden Satz. Ich hab ihn von Frau Bachl gehört. „Aus den rotzigen Mädchen werden die schönsten Frauen", hat sie irgendwann einmal lächelnd und ganz beiläufig gesagt, als ich sie über Annis Kindheit ausfragte.

**Literaturbeilage**  Ach, über Frau Bachl müssen wir unbedingt noch extra sprechen!

**Wolf Haas**  Die hat das im vollen Ernst gesagt. Es klang aus ihrem Mund, als wäre es eine uralte, gesicherte Wahrheit, dass aus den rotzigen Mädchen die schönsten Frauen werden.

**Literaturbeilage**  Sie lächeln.

**Wolf Haas**  Ich kann das nicht sagen, ohne in Euphorie zu verfallen.

**Literaturbeilage**  Herr Haas, diese Volksweisheit, dass aus den rotzigen Mädchen die schönsten Frauen werden, ist für den Leser natürlich nicht so zentral. Es ist ein nettes Sprichwort vielleicht, man schmunzelt. Aber es ist im Buch doch nur ein Satz unter vielen. Warum ist Ihnen diese Behauptung so wichtig?

**Wolf Haas**  Das klingt jetzt alles so blöd, aber in Wirklichkeit sind das ganz biedere Überlegungen. Oder „bieder" ist auch falsch gesagt. Einfach technische Überlegungen. Ich bin ja auch ein Ingenieur.

**Literaturbeilage**  Hoffentlich sagen Sie jetzt nicht „Textingenieur" oder ürgend so was Verklemmt-Sechzigerjahre-Mäßiges.

**Wolf Haas**  Na ja, Textingenieur. Finden Sie das so schlimm? Dass aus den rotzigen Mädchen die schönsten Frauen werden, das ist jedenfalls die einzige Stelle, wo ich etwas über die Schönheit von Anni sage. Es gibt ja nichts Schwierigeres in einem Roman als eine schöne Frau. Das ist die Hölle! Es ist peinlich und banal.

**Literaturbeilage**  Gut, dass Sie das sagen.

**Wolf Haas**  Irgendwo in einem Roman kommt immer eine schöne Frau daher. Und dann hab ich immer Angst, wenn ich das vorlese, dann verdrehen alle schönen Frauen im Publikum ihre schönen Augen, weil sie es dermaßen blöd finden, wenn man da sagt, so und so

Merkmale. Also das ist wirklich, das ist wie – kennen Sie Salzburger Nockerl?

**Literaturbeilage** Ich kenne Mozartkugeln. Aber Nocken?

**Wolf Haas** Salzburger Nockerl. Das ist so eine Luftspeise, so ein Soufflee, das besteht, glaub ich, fast nur aus Eiklar und Zucker, also aus – nennt man das in Deutschland auch „Schnee"?

**Literaturbeilage** Eierschnee, ja.

**Wolf Haas** Und das wird eben im Ofenrohr zu so einer Souffleeblase aufgebläht, und da muss man wahnsinnig aufpassen, dass die Nockerln nicht schon beim Servieren zusammenfallen. Und so ähnlich ist das, wenn man in einem Buch eine schöne Frau beschreibt, das ist wahnsinnig schwer zu servieren.

**Literaturbeilage** Da merkt man, dass Ihr Vater Kellner war.

**Wolf Haas** Nein, das ist Allgemeinwissen in einem Touristenland.

**Literaturbeilage** Aber Herr Haas, dass es sich um eine umwerfend attraktive Frau handeln muss, das ist doch von der ersten Zeile an klar. Das liegt schon in Kowalskis Blick auf sie. Der begehrliche Blick!

**Wolf Haas** Obwohl ich es nie ausdrücklich sage! Außer an der einen Stelle, wo die alte Frau Bachl erwähnt, dass aus den rotzigen Mädchen die schönsten Frauen werden.

**Literaturbeilage** Also ich kann das jetzt nicht beschwören, aber ich habe doch den Eindruck, dass Sie öfter im Buch schreiben, wie hübsch Anni ist.

**Wolf Haas** Nein, bestimmt nicht. Das wüsste ich. Es dreht mir ja jedes Mal den Magen um, wenn ich irgendwo gezwungen bin, die Schönheit einer Frau in einem Buch zu beschreiben. Da mutiert man als Autor so zum verschwitzten Lustmolch vor seiner Tastatur. Aber in dem Fall war es mehr oder weniger unmöglich, das wegzulassen. Und bei Anni war es natürlich besonders schwierig, weil sie mir ja auch gut gefällt, also persönlich.

**Literaturbeilage** Das merkt man.

**Wolf Haas** Warum schauen Sie so?

**Literaturbeilage** Ich zögere, weil ich mir nicht sicher bin, ob ich sagen soll, was mir auf der Zunge liegt.

**Wolf Haas** Nämlich?

**Literaturbeilage** Ich bin ürgendwie an Ihrer vorherigen Formulierung „Es dreht einem den Magen um" hängen geblieben. Es ist nämlich so: Als Leserin dreht's einem bei solchen Frauendarstellungen auch manchmal den Magen um.

**Wolf Haas** Genau deshalb ist mir das so wichtig, dass ich nirgendwo geschrieben habe, wie hübsch die Anni ist, sondern eben nur das mit dem Rotz.

**Literaturbeilage** Dass Sie es geschickt machen, bestreite ich keineswegs. Ich weiß nur nicht, ob das so viel an der Sichtweise ändert. Von Anni selbst erfährt man leider würklich nicht viel in Ihrem Buch. Es ist doch mehr Vittorios prinzipielle Besessenheit, wobei Anni sich längst in den Wolken aufgelöst hat.

**Wolf Haas** Aber das ist ja genau das Thema der Geschichte! Darum schildere ich ja auch sein Betreten des Hotelfoyers so ein bisschen irreal, fast ein bisschen drogenmäßig. Weil er zum ersten Mal seit fünfzehn Jahren in Richtung Realität marschiert.

**Literaturbeilage** Übrigens hatte ich an der Stelle, wo er in diesem seltsam psychedelischen Bewusstseinszustand durch das Hotelfoyer auf die Rezeption zuschwebt, fast erwartet, dass Anni als Rezeptionistin hinter der Theke steht. Also auch so aus der Torte.

**Wolf Haas** Das wäre im Grunde auch besser gewesen.

**Literaturbeilage** Nein, das finde ich nicht. Es ist schon gut so, dass er sie erst am nächsten Morgen beim Frühstück sieht. Die Erwartung hat sich nur aufgebaut, weil Sie seinen Gang durch das Hotelfoyer so ausführlich schildern. Also ürgendwie fast in Superzeitlupe.

**Wolf Haas** Wenn man nach einer langen Autofahrt mit diesem Gefühl in den Beinen aussteigt und dann eine Hotelhalle betritt, das hat schon so was Zauberbergmäßiges. Vielleicht ist es aber auch nur so ausführlich geworden, weil ich diese Szene auf einer Lesereise geschrieben habe. Da kriegt man immer den Hotelkoller.

**Literaturbeilage** Es ist ja auch ürgendwie eine Art Donnergrollen, das Sie da schildern.

**Wolf Haas** Finden Sie?

**Literaturbeilage** Hinter seinem Rücken wird das Klopfen der Schwingtür immer lauter statt leiser. Und die Schwingtür links von ihm, die von der Hotelhalle in den Speisesaal führt, die klopft ebenfalls. Und der Rhythmus der Türen überlagert sich, sie klopfen immer schneller, je näher die Türen dem Ruhepunkt kommen. Man könnte es auch als Klopfzeichen verstehen. Wenn man den Schluss kennt, kann man sagen, in dem Moment, als er Lukkis Hotel betritt, klopft schon das Unglück an sozusagen.

**Wolf Haas** Na ja, aber in dem Sinn „klopfen", wie ein Unglück anklopft, tun Schwingtüren ja nicht. Das ist eher ein klopfendes Flattern. Mir ist es bei den Schwingtüren mehr um dieses Transitmäßige gegangen, diese Schleusensituation in einer Hotelhalle. Im ganzen Roman sind ja dauernd alle unterwegs. Aber nicht heroisch wie in einem Roadmovie mit lautem Autoradio und so, sondern eher in so einem magnetischen Hin und Her gefangen.

**Literaturbeilage** Wie die kleinsten Bausteine der Würklichkeit.

**Wolf Haas** Nie ist jemand richtig da, verlässlich an Ort und Stelle sozusagen. Das gilt schon für die Vorfahren.

Diese tagtägliche Reise in die Schächte unter Tage. Oder auf Annis Seite die Bergsteiger, die Schmuggler. Alle müssen immer irgendwohin.

**Literaturbeilage** Nach enten?

**Wolf Haas** Wohin? Ja genau. *(lacht)* Nach enten.

**Literaturbeilage** Sie haben Ihren Roman in einem Interview ja sogar einmal so zusammengefasst: Es sei die Geschichte zweier Regionen, wo die einen immer auf die Berge und die anderen immer in die Berge rennen.

**Wolf Haas** Diese Äußerung hab ich dann aber schwer bereut, weil es mir total psychoanalytisch ausgelegt worden ist, also die Bergpenetrierer und die Gipfelstürmer oder so irgendwie.

**Literaturbeilage** Angesichts der orgiastischen Geschichte, auf die alles hinausläuft, ist das ja auch nicht so ganz verwunderlich, oder?

**Wolf Haas** Man muss als Autor schon aufpassen, dass man nicht seine eigene Geschichte zu Tode interpretiert.

**Literaturbeilage** Dass Sie seinem ersten Gang durch die Hotelhalle so viel Raum geben, bevor er dann den Zettel liest, das hat mich an ein Zitat aus Andy Warhols Tagebüchern erinnert. Da heißt es auch einmal, dass Hotelhallen die schönsten Orte sind, und man würde so gern in der Hotelhalle übernachten.

**Wolf Haas** In der Halle von Lukkis Wellnesshotel Schwalbenwandblick hätte er allerdings Reißaus genommen. Das ist ein rustikaler Alptraum. Diese Jodelarchitektur ist wirklich ein Wahnsinn!

**Literaturbeilage** Das kommt allerdings im Buch gar nicht so krass rüber.

**Wolf Haas**  Man kann das in einem Roman gar nicht verwenden. So ein Gebäude steht noch in einem Buch ungut herum!

**Literaturbeilage**  In einem Brenner-Roman hätten Sie wahrscheinlich geschrieben: Da müsste sich mal *amnesty international* drum kümmern.

**Wolf Haas**  So ungefähr. Aber so hab ich eigentlich alles gestrichen, also die Ausstattung, diese ganze Vollholzscheiße, das hab ich alles rausgestrichen. Ursprünglich hab ich ein ganzes Kapitel drinnen gehabt, wo Herr Kowalski in der ersten Nacht nicht schlafen kann. Und als Einschlafübung entwirft der Abbauingenieur im Kopf einen exakten Plan, wie man diese Hotelkulisse kostengünstig, umweltschonend, bürgerinitiativenfreundlich und so schnell wie möglich abbauen könnte.

**Literaturbeilage**  Während Sie jetzt sehr schnell zum Frühstück am nächsten Tag übergehen.

**Wolf Haas**  Ja, er hat über Nacht trotz Schlaflosigkeit ein bisschen Hoffnung aufgebaut. Er sitzt beim Frühstück und hofft eben, dass Lukkis Braut vielleicht doch nicht Anni ist.

**Literaturbeilage**  An diese Hoffnung klammert man sich ja auch als Leser bis zuletzt! Gerade weil sich Kowalski so sicher ist, hofft man beim Lesen ürgendwie auf eine überraschende Wendung. Dass einen der Autor nur an der Nase herumgeführt hat oder so.

**Wolf Haas**  Ich muss zugeben, dass ich mir das sogar beim Schreiben gewünscht habe. Aber überraschende Wendungen sind nicht so unbedingt meine Stärke.

**Literaturbeilage**  Wie er da beim Frühstück sitzt und über seinen aus tiefer Vergangenheit zurückkehrenden Urlaubsvokabeln „Semmel" und „Marille" meditiert –

**Wolf Haas**  Weil er gerade eine Marillenmarmeladensemmel frühstückt.

**Literaturbeilage** – da hofft man beim Lesen, dass die negative Erwartung enttäuscht wird! Man hofft, dass vielleicht nur Lukki reinkommt und ihm erzählt, also jetzt mal ganz plump gesagt –

**Wolf Haas** – und ihm erzählt, dass Anni vor lauter Liebeskummer vor fünfzehn Jahren ins Kloster gegangen ist.

**Literaturbeilage** Ganz genau, so doof sind wir Leser! Man wünscht sich einfach, dass sie genauso wenig drüber weg ist wie er.

**Wolf Haas** Dass sie als alte Jungfer im Nachbarhaus vor sich hin träumt und immer noch auf die Rückkehr ihres Vittorio wartet.

**Literaturbeilage** Herr Haas, ich könnte es mir jetzt ganz leicht machen und sagen: Eine andere Reaktion als den leidenden Rückzug à la Kloster oder alte Jungfer trauen Sie einer Frau offenbar nicht zu.

**Wolf Haas** Moment, das ist unfair! Sie drehen mir das Wort im Mund um. Ich hab mich doch gerade über die Varianten lustig gemacht, die nicht in Frage kommen. Das ist doch der simpelste aller Polemikertricks, dass man eine offensichtlich ironische Aussage einfach wörtlich nimmt.

**Literaturbeilage** Die Polemik, wenn auch vielleicht nicht so schrecklich simpel, Herr Haas, könnte man auch auf Ihrer Seite sehen. Wenn Sie die Diskussion so führen, als wären Kloster und alte Jungfernschaft die einzigen denkbaren Alternativen zu Annis fröhlichem Brautstatus.

**Wolf Haas** Na gut, Sie zwingen mich dazu. Sagen Sie aber bitte hinterher nicht, ich hielte Sie wohl für blöd, weil ich es so genau erkläre.

**Literaturbeilage** Was ich sage, müssen Sie schon mir überlassen.

**Wolf Haas** Also. Punkt eins: Anni und Lukki schweben strahlend und Arm in Arm in den Frühstücksraum herein, um ihren Jugendfreund zu begrüßen.

**Literaturbeilage** So war es würklich.

**Wolf Haas** Genau. Punkt zwei: Sie haben gerade gesagt, man hoffe beim Lesen bis zuletzt, dass es anders wäre. Dass nur Lukki hereinkommt und ihm was erzählt. Da hab ich Sie unterbrochen. Jetzt frag ich Sie, was hofft man denn da, was Lukki ihm erzählen könnte?

**Literaturbeilage** Na ja, ürgendwas über Anni. Etwas, das weniger schlimm ist, als dass Lukki sie heiratet, aber nicht ganz so klischeehaft wie Kloster oder alte Jungfer.

**Wolf Haas** Punkt drei.

**Literaturbeilage** Sie zählen ja würklich gern!

**Wolf Haas** Meine Äußerung „Kloster" oder „alte Jungfer" ist deshalb als Karikatur zu erkennen, weil ich damit Alternativen in den Raum gestellt habe, die für eine weibliche Biographie im 19. Jahrhundert real, im Mitteleuropa des 21. Jahrhunderts aber –

**Literaturbeilage** Das ist mir schon klar. Mit meinem Einwand ziele ich darauf, dass Sie mit dieser „Karikatur", wie Sie es nennen, die Tatsache verdecken, dass es auch realistische Versionen gäbe, in denen eine Frau im 21. Jahrhundert das Scheitern ihrer Jugendliebe bedauert, vielleicht sogar immer noch um diese Liebe trauert, ohne dass es deswegen ein karikaturhaftes Ausmaß annimmt. Genau das scheint mir ja auch bei Anni der Fall zu sein! Sie schreiben ja selbst, dass sie in der Nacht nach Vittorios Auftritt bei *Wetten, dass..?* sehr traurig war.

**Wolf Haas** Punkt vier: Meine karikaturhafte Übertreibung punkto Kloster und alte Jungfer ist deshalb einzig und allein als Aussage über Erwartungshaltungen beim Lesen zu verstehen. Im Gegensatz zu weiblichen Biographien ist bekanntlich alles, was mit Literatur zusammenhängt, tatsächlich im 19. Jahrhundert stecken geblieben.

**Literaturbeilage**  So viel zum Thema Polemik!

**Wolf Haas**  Weshalb man, sobald man so eine Geschichte zu lesen beginnt, automatisch seinen Verstand bei der Garderobe abgibt und einfach will, dass die beiden sich kriegen. Man will gar nicht darüber nachdenken, ob Anni vielleicht mit dem Hotelier die bessere Partie macht. Man identifiziert sich mit Vittorio.

**Literaturbeilage**  Also ich hab mich mit Anni identifiziert.

**Wolf Haas**  Punkt fünf – ja okay, mit Anni. Punkt fünf. Sie haben sich mit Anni identifiziert. Aber sicher nicht mit Lukki. Jetzt hab ich Punkt fünf vergessen.

**Literaturbeilage**  Übrigens hätten Sie sich nicht so ausführlich rechtfertigen müssen. Sie haben mich ja unterbrochen, um meinen Satz fortzuführen, den ich mit „plump gesagt" begann, also was Lukki im Frühstücksraum über Anni erzählen könnte. Nach „plump gesagt" darf man alles sagen. Aber jetzt mal nicht plump, sondern ehrlich gesagt: Ich hab natürlich auch gehofft, dass die beiden sich kriegen. Darum liest man doch solche Geschichten ürgendwie.

**Wolf Haas**  Sie kennen bestimmt den Satz: „Die Metapher ist klüger als ihr Verfasser."

**Literaturbeilage**  Lichtenberg. Der Satz ist würklich ziemlich klug.

**Wolf Haas**  Er verrät aber erst die halbe Wahrheit. Die Metapher ist nämlich nicht nur klüger als der Verfasser. Sie ist auch klüger als der Leser.

**Literaturbeilage**  Sie halten mich also für blöd!

**Wolf Haas**  Also ich – das ist ein Scherz, oder?

**Literaturbeilage**  Sie sind ein Blitzgneißer! Aber zurück zum Thema. Zurück zu Ihrem Buch. Ich finde es ja sehr bezeichnend, dass unser Gespräch sich gerade hier so weit von Ihrem Text entfernt hat. An dieser schmerzhaften Stelle, wo Anni und Lukki so glücklich in den Frühstücksraum spazieren.

**Wolf Haas**  Ich hab ja selber am meisten darunter gelitten.

**Literaturbeilage**  Also auch den Verstand bei der Garderobe abgegeben?

**Wolf Haas**  Gerecht sind solche Empfindungen jedenfalls nicht. Lukki war sogar sehr herzlich zu ihm. Er hat am Morgen den Namen in der Gästeliste gelesen, und dann haben sie sich gleich auf die Suche nach ihm gemacht. Sie haben sich wirklich gefreut über den prominenten Besuch, der ihr Dorf bekannt gemacht hat. Für einen Hotelier ist so eine kostenlose Fernsehwerbung natürlich ein Geschenk des Himmels.

**Literaturbeilage**  Für Anni war es wohl wesentlich zwiespältiger.

**Wolf Haas**  Eigentlich nicht so schlimm. Paradoxerweise hat ihr gerade die durchwachte Nacht nach dem Fernsehauftritt geholfen, diese ganze Geschichte abzuschließen.

**Literaturbeilage**  Eine Art verspätete Trauerarbeit.

**Wolf Haas**  Sie war einfach gezwungen, sich der ganzen Geschichte noch einmal zu stellen. Und sich auch innerlich von ihm zu verabschieden sozusagen. Also ich glaube, es hätte sie wesentlich mehr irritiert, wenn er einfach so im Hotel aufgetaucht wäre. Ohne die Sendung davor.

**Literaturbeilage**  Das erklärt auch, warum sie jetzt, wo sie an Lukkis Seite den Frühstücksraum betritt, nur noch strahlende Braut zu sein scheint.

**Wolf Haas** Ganz so ist es natürlich nicht. Aber zumindest äußerlich. Und sie freut sich ja auch wirklich, Vittorio zu sehen. Sie strahlt auch deshalb, weil sie ihn wiedersieht.

**Literaturbeilage** Es ist dies eine der wenigen Stellen im Buch, wo Ihrem Erzähler seine stets freundliche, geradezu schmerzhaft positive Sicht der Dinge kurz abhanden kommt. Sie lassen ihn sagen, dass er „wie ein Idiot" im Frühstücksraum von Lukkis Prachthotel saß, während ihn das strahlende Brautpaar wörtlich „umringte".

**Wolf Haas** Ja „umringte", das gefällt mir auch. Zwei Leute können einen streng genommen nicht umringen, aber wenn man sitzt und ein strahlendes Brautpaar pflanzt sich vor einem auf –

**Literaturbeilage** – und man ist in die Braut verliebt –

**Wolf Haas** – kann man sich schon umringt fühlen.

**Literaturbeilage** Und darum ja auch seine phantastischen Begrüßungsworte.

**Wolf Haas** „Das ist eine Frechheit!" Er selber hat es nicht gerade phantastisch gefunden. Er hätte sich am liebsten die Zunge abgebissen, nachdem ihm das herausgerutscht ist.

**Literaturbeilage** Also ich fand es gut, wie es da aus ihm herausbricht.

**Wolf Haas** Aber ihm war es wahnsinnig peinlich.

**Literaturbeilage** So eine schlagfertige Antwort hätte ich ihm ürgendwie gar nicht zugetraut.

**Wolf Haas** Das wäre eher etwas, das man von Riemer erwartet hätte. Schlagfertigkeitstraining ist ja der wichtigste Punkt im Lehrplan von *Ran an die Frau*. Und vor allem von *Ran an die Frau für Fortgeschrittene*.

**Literaturbeilage** Der Satz „Das ist eine Frechheit" kommt hier ja nicht zum ersten Mal im Buch vor.

**Wolf Haas**  Das steht eben für eine ganz bestimmte Umgangskultur, oder wie man das nennen soll. „Das ist eine Frechheit!" war ein Satz, den ihre Eltern gern äußerten, wenn sie sich irgendwo um ihre Rechte geprellt fühlten. Wenn sich wer an der Kassa vorgedrängt hat, oder ein Sonderangebot wird an der Supermarktkassa zum Normalpreis verrechnet. Oder im Restaurant kriegen die Leute am Nebentisch das Essen vorher, obwohl sie später gekommen sind. Und zum Beispiel bei der immer wieder aufkeimenden Blutorden-Streiterei haben es sich die beiden Väter auch mit schöner Regelmäßigkeit an den Kopf geworfen.

**Literaturbeilage**  „Das ist eine Frechheit."

**Wolf Haas**  Ich hab das mit der Frechheit so betont, weil mir irgendwann aufgefallen ist, dass es in unserer Gesellschaft so eine soziologische Trennlinie gibt. Die „Fair-Frechheit-Linie" sozusagen. Wo die einen noch nobel sagen, sie fänden etwas „unfair", poltern die unterprivilegierten Angstbeißer sofort los: „Das ist eine Frechheit!"

**Literaturbeilage**  Gelassenheit muss man sich eben leisten können.

**Wolf Haas**  Und den Kindern waren diese eskalierenden Situationen immer wahnsinnig peinlich. Wenn ihre Eltern wieder einmal lautstark über irgendeine „Frechheit" empört waren. Ich hab das ja nur deshalb erwähnt, weil es etwas war, das Vittorio und Anni von klein auf zusammengeschweißt hat. Dass sie sich für ihre Eltern geschämt haben.

**Literaturbeilage**  Während zum erwachsenen Vittorio das Frechheitsgetöse eigentlich gar nicht mehr passt. Er ist in das Milieu aufgestiegen, wo man „unfair" sagt.

**Wolf Haas**  Genau, Anni und Lukki haben es ja dementsprechend auch als Scherz aufgefasst!

**Literaturbeilage** Als Ironie. Nicht wörtlich genommen. Genau umgekehrt wie bei den simplen Polemikern, die ironische Äußerungen wörtlich nehmen. Sie haben vorhin übrigens auch „unfair" gesagt, als ich das gemacht habe.

**Wolf Haas** Meinetwegen. Vittorio ist jedenfalls selten im Leben etwas so ernst gewesen. Er empfand es als Riesenfrechheit, dass Lukki Anni kriegen soll.

**Literaturbeilage** Das macht es gerade so schmerzhaft, dass er nicht ernst genommen wird.

**Wolf Haas** Er explodiert fast vor Kummer sozusagen. Oder, was rede ich da, „explodiert fast vor Kummer", das ist schon ziemlich übertrieben –

**Literaturbeilage** Finde ich nicht übertrieben. Genauso kommt's rüber im Buch. Es heißt: „Das Brautpaar strahlte mich aus seinen vier Augen so glücklich an, dass meine Ohren zu singen anfingen. Singen ist okay", sagt er. Also seine Kontrolle des Ohrensingens bezieht sich auf diesen Volkshochschulkurs gegen das Erröten, wo er nach dieser Methode –

**Wolf Haas** Mergan-Methode.

**Literaturbeilage** – gelernt hat, das Aufsteigen des Blutes zu kontrollieren. Diesen Kurs gegen das Erröten fand ich übrigens nicht so toll.

**Wolf Haas** Aber hier kann ich's gut brauchen.

**Literaturbeilage** Ja, an der Stelle ist es schon eindrucksvoll, wie er gegen das Erröten ankämpft mit dieser –

**Wolf Haas** Mergan-Methode.

**Literaturbeilage** Aber sonst hat mich das etwas genervt, all die Kurse, Riemer mit seinem *Ran an die Frau* und seinem Italienischkurs. Da hätte ich nicht unbedingt auch noch einen Kurs gegen das Erröten gebraucht.

**Wolf Haas** Das hat Sie genervt?

**Literaturbeilage** Stellenweise. Etwas.

**Wolf Haas** Wenn Sie so schnell genervt sind, sollten Sie vielleicht einen Kurs für autogenes Training belegen.

**Literaturbeilage** Ja sehr witzig. Aber hier, da geb ich Ihnen Recht, spürt man den gewaltigen Druck, unter dem er steht, wenn er sagt, singende Ohren sind okay. Weil Singen ja etwas anderes sei als „rotes Glühen"!

**Wolf Haas** Er glaubt, dass ihm deshalb die „Frechheit" herausgerutscht ist.

**Literaturbeilage** Weil er versucht hat, das rote Glühen unter der neuralgischen Grenze seiner Kieferknochen zu halten.

**Wolf Haas** Genau. Weil es auf Mundhöhe zu einem emotionalen Stau kam sozusagen. Er hatte ja die Absicht, etwas möglichst Gelassenes zu den beiden zu sagen. Er hat innerlich um einen coolen Kommentar gerungen wie: „Hab ich mir gleich gedacht, als ich gestern den Zettel an der Rezeption gelesen hab." Oder so was Ähnliches. Aber ihm ist nichts eingefallen.

**Literaturbeilage** Er sagt nicht, es sei ihm nichts eingefallen. Es heißt: „Aber ürgendwie muss mir das Blut, das in meinen Kopf schießen wollte, dadurch, dass ich es nicht höher steigen ließ als bis zum Haarflaum an der Unterseite der Ohrläppchen, also genau bis auf Höhe meines Mundes, den falschen Satz auf die Lippen gespült haben. Denn über dem Surren und Pochen in meinen Ohren hörte ich mich laut und deutlich sagen, ja fast schreien: *Das ist eine Frechheit!*"

**Wolf Haas** Und die beiden brechen in Gelächter aus, weil sie glauben, Selbstironie. Lukki nimmt den Ball gekonnt auf und wiederholt lachend: „Eine Frechheit! Das sagen alle!" Dabei schüttelt er ihm begeistert die Hand und scherzt weiter: „Aber es kann sie eben nur einer heiraten."

**Literaturbeilage** Ich finde es sehr interessant, dass Sie an der Stelle von der Ebene des Gesprächs sofort auf die massive körperliche Präsenz von Anni und Lukki umschwenken.

**Wolf Haas** Meinen Sie die Umarmungen?

**Literaturbeilage** Sie betonen, dass Lukki nochmal einen Kopf größer war als Annis Vater, der seinerseits bereits einen Kopf größer als Vittorios Vater gewesen sei.

**Wolf Haas** Das war eben, weil bei den Bergmännern die Kleinen besser dran waren. So eine Art Gruben-Darwinismus.

**Literaturbeilage** Und als Anni ihn umarmt, empfindet Vittorio ihren Geruch wörtlich als „besser als Wald und Tankstelle zusammen".

**Wolf Haas** Da steckt jetzt keine großartige Absicht dahinter. Sie umarmen sich. Wenn man umarmt wird, fällt einem eben auf, dass sich da ein Riese zu einem herabbeugt.

**Literaturbeilage** Oder dass die Frau besser als Wald und Tankstelle zusammen riecht.

**Wolf Haas** Weil er am Abend dreißig Kilometer vor Farmach noch getankt hatte. Diese Tankstelle mitten im Wald gibt's wirklich. Und da ist ihm eben dieser betörende Geruch aufgefallen, dieses Gemisch der Waldgerüche und der giftigen Tankstellendämpfe.

**Literaturbeilage** Die betörenden Industriedämpfe kommen ja öfter in diesem Roman vor. Das Heu, das wie der frische Teer duftet, mit dem Annis Vater die Einfahrt betonierte.

**Wolf Haas** Asphaltierte! Wahrscheinlich hab ich ein Faible für diese Gerüche, weil ich als Kind auf einer Tankstelle gearbeitet habe. So wie Vittorios Gehirn vielleicht durch den regelmäßigen Sauerstoffentzug beim Untertauchen im Waldbad beschädigt wurde, so meines durch die Benzindämpfe. Am ersten Tag wurde mir schlecht, aber am zweiten Tag fand ich's schon ziemlich gut. Und ab dem dritten Tag hab ich die Nase schon extra näher an den Tank gehalten. Damals hat es ja noch keine Selbstbedienungstankstellen gegeben, da ist man noch auf seine Kosten gekommen als Tankwart. Und das andere hab ich bei Faulkner gestohlen.

**Literaturbeilage**  Was haben Sie bei Faulkner geklaut? Hab ich da was übersehen?

**Wolf Haas**  Wo es immer heißt „Caddy roch nach Bäumen", das hat mir immer wahnsinnig gefallen, und deshalb riecht Anni nach Wald. Aber von mir kommt eben die Tankstelle.

**Literaturbeilage**  Das Erste, was Anni zu ihm sagt, ist interessanterweise der Satz: „Gut schaust du aus."

**Wolf Haas**  Das sagt man eben so, wenn man wen lange nicht mehr gesehen hat: Gut schaust du aus.

**Literaturbeilage**  Und Lukki sagt: „Wir haben dich ja im Fernsehen gesehen."

**Wolf Haas**  Man beachte das „ja"! Gut schaust du aus, wir haben dich ja im Fernsehen gesehen. Eine fiese, versteckte Begründung: Weil sie ihn im Fernsehen gesehen haben, sieht er plötzlich besser aus.

**Literaturbeilage**  Das kommt mir jetzt fast zu hart interpretiert vor. Man kriegt beim Lesen doch den Eindruck, dass die beiden sich würklich freuen, ihren alten Ferienfreund, den sie noch dazu im Fernsehen gesehen haben, wiederzusehen.

**Wolf Haas**  Ja klar. Lukki war vollkommen arglos in der Situation. Er hat das nicht böse gemeint, da haben Sie schon Recht. So siegesgewisse Menschen sind ja auch nicht so misstrauisch. Darum hat Lukki auch den Fernsehauftritt gar nicht direkt auf Anni bezogen! Er war jetzt richtig überschwänglich, hat ihm seine Pranke auf die Schulter gelegt und ihm zu seinem Auftritt gratuliert.

**Literaturbeilage** Ja schrecklich.

**Wolf Haas** Das finden Sie schrecklich?

**Literaturbeilage** Es tut so weh, wie Lukki ihn mitten in seiner maßlosen Enttäuschung hochleben lässt mit seinem enervierenden: Du warst so super!

**Wolf Haas** „Du, des wor suppa! Gonz suppa!"

**Literaturbeilage** Hören Sie auf damit! Das war mir schon beim Lesen fast *too much*. Da tut einem Vittorio richtig leid.

**Wolf Haas** Ja, das soll er aber auch.

**Literaturbeilage** Aber da ist er so klein, das ist kaum noch zu ertragen. Das kennt man ja auch selbst ürgendwie aus dem eigenen Leben, so als Einzelner mit einem demonstrativ glücklichen Paar. Das ist doch unerträglich. Sogar, wenn man den beiden neutral gegenübersteht. Und dann erst, wo der Arme doch selbst in Anni verliebt ist.

**Wolf Haas** Andererseits muss man auch sehen, dass die beiden eigentlich wahnsinnig nett zu ihm waren. Sie haben ihn wirklich herzlich willkommen geheißen. Also da wurde er wesentlich freundlicher begrüßt als in all den Jahren als Touristenkind. Sie hätten ihn ja auch komplett ignorieren können.

**Literaturbeilage** Mich hat nur gewundert, dass er nicht gleich abgereist ist. Also ich hätte in so einer Situation sofort meine Koffer gepackt.

**Wolf Haas** Er wollte wenigstens noch die zwei Nächte bleiben, die er gebucht hat. Damit es nicht so blöd ausschaut. Auf keinen Fall bis zur Hochzeit. Sie haben ihn ja natürlich sofort zur Hochzeit eingeladen. Sogar mit Übernachtung auf Hotelkosten!

**Literaturbeilage** Und am Abend kommt es dann zu dem Eklat mit dem Hochzeitskleid.

**Wolf Haas** Ja, Eklat war's keiner. Einfach eine Demütigung.

**Literaturbeilage** Jedenfalls die entscheidende Begegnung zwischen den beiden.

**Wolf Haas** Es war schon ein ziemlicher Tiefschlag, dass Anni ihn, während Lukki mit seinem Jeep unterwegs war, in ihr Schlafzimmer gebeten hat, um ihm das Hochzeitskleid vorzuführen. Weil man es dem Mann ja nicht vorher zeigen darf. Aber ihm durfte sie es natürlich zeigen!

**Literaturbeilage** Als wäre er eine Freundin oder so.

**Wolf Haas** Genau!

**Literaturbeilage** Das war würklich nicht sehr charmant, dass sie das auch noch so gesagt hat. „Dem Mann darf man es nicht zeigen. Das bringt Unglück. Aber dir kann ich es ja zeigen."

**Wolf Haas** Ich hätte mir an seiner Stelle die Kugel gegeben.

**Literaturbeilage** Also ich fände es doch angebracht, dass man das Ganze auch mal aus Annis Warte betrachtet. Vielleicht hat sie es sogar absichtlich getan! Einfach um ein deutliches Signal zu setzen. Das hat doch auch was Aufdringliches, wenn jemand da mit so einer bombastischen Liebeserklärung übers Fernsehen kommt.

**Wolf Haas** Sag ich ja, dass ihr das eher geholfen hat. Obwohl – bombastisch kann man seinen Auftritt nicht nennen. Dazu war er viel zu diskret. Bombastisch wäre es gewesen, wenn er sie erwähnt hätte.

**Literaturbeilage** Und dann steht er auch noch in der Tür. Sie wollte eben, dass er es würklich glaubt, also akzeptiert, dass sie einen anderen heiratet. Für sie war es doch auch nicht einfach!

**Wolf Haas** Ich glaub auch, dass es ihr voll bewusst war, was sie da macht. Also dass sie einfach klare Verhältnisse wollte.

**Literaturbeilage** Deshalb hat sie es wohl auch so entschieden gesagt: „Dir kann ich es ja zeigen." Eigentlich ist das, psychologisch betrachtet, eine sehr gesunde Grenzziehung.

**Wolf Haas** Dass sie ihn zurückstößt, kann man ihr auch nicht vorwerfen. Aber dass sie es, gelinde gesagt, so verführerisch macht, das ist –

**Literaturbeilage** – ein bisschen gemein. Zumindest so, wie es im Roman geschildert wird.

**Wolf Haas** Ach, bin jetzt ich dran schuld?

**Literaturbeilage** Außerdem finde ich, dass gerade diese kleine Unkorrektheit Anni zu einer lebendigen Figur macht. Sie hat eben auch ihre Schwächen. Wie ich überhaupt sagen muss, dass mir Anni sehr sympathisch ist. Trotz dieser vielleicht etwas fragwürdigen Aktion mit dem Hochzeitskleid im Schlafzimmer.

**Wolf Haas** Na sehen Sie! Mir auch! Und die Aktion mit dem Hochzeitskleid hab ich sogar noch extra so geschrieben, dass diese Grenzziehungsperspektive – Sie sagen das mit der Grenzziehung so, als hätten Sie das jetzt erst im Gespräch sozusagen von außen hineingebracht.

**Literaturbeilage** Nein, das lassen Sie im Buch schon zu, aber –

**Wolf Haas** Darum geht's doch bei der Stelle im Buch. Das kommt doch klar heraus, dass sie unter Druck war! Warum heißt es dann immer, dass Annis Perspektive zu wenig vorkommt?

**Literaturbeilage** Ich hätte aber gern mehr über sie erfahren. Passagenweise würkt sie wie eine reine Projektionsfläche.

**Wolf Haas**  Soll ich vielleicht hinschreiben, dass sie brav Müll trennt, oder was?

**Literaturbeilage**  Warum nicht? Wenn es etwas aussagt über sie.

**Wolf Haas**  Das geht aber nicht. Man kann nicht über einen Menschen mehr erfahren, und er ist immer noch sympathisch. Sympathisch ist ein Mensch, weil man nicht zu viel über ihn weiß.

**Literaturbeilage**  Aber ihrer etwas rücksichtslosen Abgrenzungsmethode, ihm das Hochzeitskleid vorzuführen, haben Sie ausreichend Platz eingeräumt.

**Wolf Haas**  Um sich abzugrenzen, hätte sie ihn doch auch einfach heimschicken können. Das wäre wesentlich humaner gewesen.

**Literaturbeilage**  Aber gerade die Gemeinheit zeigt doch, dass sie keineswegs so unbeteiligt ist, wie sie vorgibt! So eindeutig sind eben die Gefühle nicht. Weder bei den Menschen noch bei den Frauen.

**Wolf Haas**  Was soll das jetzt wieder heißen?

**Literaturbeilage**  Weil Sie vorhin sagten, man dürfe über „die Menschen" nicht zu viel wissen, damit sie sympathisch bleiben.

**Wolf Haas**  Das ist mir zu hoch. Ich hab die ganze Modenschau auf ein Minimum reduziert. Das ganze Wie-steht-es-mir, das ganze Oder-findest-du-der-Rock-ist-zu-kurz, das ganze Und-da-kommt-dann-noch-ein-Hut-dazu-der-wird-aber-erst-geliefert, das war ja bei weitem noch nicht alles. Sie hat ihn auch noch mit dem ganzen Hochzeitsscheiß quälen müssen. Sie hat ihm alles haarklein erklärt, tausend Hochzeitsbräuche, Blumenschmuck, Menü, Pfarrer.

**Literaturbeilage**  *Something old, something new, something borrowed, something blue.*

**Wolf Haas**  Das ganze Programm! Und natürlich immer wieder: „Glaubst du, dass das Wetter bis zur Hochzeit noch wird?"

**Literaturbeilage** Schade, dass man das im gedruckten Interview nicht hören kann, wie Sie Annis Tonfall nachäffen. In ihrem Roman kommt das gar nicht so rüber, wie sehr Sie diese ganze Aktion mit dem Hochzeitskleid abstößt.

**Wolf Haas** Dann hat man mir aber gerade meine Zurückhaltung wieder zum Vorwurf gemacht. Ich hätte nur geschrieben, wie schön das Kleid war, wie gut es ihr gestanden ist.

**Literaturbeilage** Diese Reduktion ist Ihnen aber nicht sonderlich schwer gefallen.

**Wolf Haas** Sie hat wirklich umwerfend darin ausgesehen. Das war so ein vanillefarbener Stoff, also eigentlich nicht Vanille, sondern –

**Literaturbeilage** Jaja, dass der Autor von Annis Äußerem fasziniert ist, das ist jetzt würklich keine Neuigkeit.

**Wolf Haas** Vanille ist fast mehr die Geschmacksassoziation, vielleicht kennen Sie diese Liedzeile *she really is a dish*, aber rein farblich gesehen ging es sogar mehr ins –

**Literaturbeilage** *Cut*, Herr Haas! Ich möchte jetzt ganz schroff zum nächsten Tag springen. Kowalskis Spaziergang zum verfallenen Schmugglerlager.

**Wolf Haas** Okay. Bevor er zum Schmugglerlager hinauf ist, hat er aber noch bei Frau Bachl vorbeigeschaut. Sie ist gerade auf ihrer roten Hausbank gesessen, als er an ihrem Garten vorbeispaziert ist. Wo sie ja immer sitzt.

**Literaturbeilage** Über Frau Bachl möchte ich noch mal ganz extra reden. Sie ist für mich würklich die beste Figur im Roman.

**Wolf Haas** Und auch sehr wichtig für sein weiteres Verhalten! Ich glaube nämlich, dass er ohne das Gespräch mit Frau Bachl gar nicht zum Schmugglerlager hinaufspaziert wäre! Da wäre er zu resigniert und kraftlos gewesen irgendwie. Und statt hinaufzugehen, wäre er vermutlich gleich am Vormittag abgereist.

**Literaturbeilage** Frau Bachl nicht jetzt.

**Wolf Haas** Okay.

**Literaturbeilage** Drei Tage und 23 Stunden vor der Hochzeit fährt Kowalski bis zum Bergsteigerparkplatz, stellt dort seinen Wagen ab und wandert durch den leichten Nieselregen zum Schmugglerlager hoch.

**Wolf Haas** Er hat zwar immer beteuert, dass er nur von außen einen schnellen Blick drauf werfen wollte. Aber dagegen spricht natürlich, dass er noch extra seine Lampe aus dem Autowerkzeugkasten mitgenommen hat.

**Literaturbeilage** War das denn würklich eine Stirnlampe? Ich muss sagen, das klingt ürgendwie erfunden. Ich meine, normalerweise hat man im Auto eine Taschenlampe dabei, wenn's hoch kommt.

**Wolf Haas** Das war typisch sein Vater. Der hat ihm die zum ersten Auto geschenkt. Ich hab auch überlegt, ob ich's weglassen soll, weil's vielleicht konstruiert wirkt. Dabei ist es wirklich viel praktischer, wenn man in der Nacht einen Reifen wechseln muss.

**Literaturbeilage** Er legt auf jeder der drei Bänke eine Pause ein, er unterquert die Stromautobahn, und nach einer Stunde ist er oben.

**Wolf Haas** Ein bisschen länger war er schon unterwegs. Sie dürfen nicht vergessen, romantische Menschen gehen langsam.

**Literaturbeilage** Die Tür zum Heuboden lässt sich ohne Weiteres öffnen. Doch als er über den verfallenen

Geheimgang in das Kellerdepot vordringt, brechen die morschen Balken unter seinem Gewicht zusammen, und er ist im Schmugglerkeller gefangen.

**Wolf Haas**  So schnell kann's gehen.

**Literaturbeilage**  „Es kann schnell gehen" ist ja auch so ein Satz in Ihrem Buch, der immer wieder auftaucht.

**Wolf Haas**  Also wenn ich's jetzt genau nehme, dann ist das eigentlich was anderes. „Es kann schnell gehen" sagt ja Frau Bachl über das Wetter. Als Trost. Oder als Hoffnungsfunke, dass der Regen sich noch vor Annis Hochzeit verziehen könnte. Darum betont sie das so. Dass oft über Nacht ein schönes Hochzeitswetter daherkommen kann. In diesem Sinn eben: „Es kann oft schnell gehen." Dagegen ist die existenzielle Erfahrung, wie schnell es gehen kann, also wie schnell das blühende Leben vorbei sein kann, natürlich etwas, das eine Frau Bachl schon lange nicht mehr schrecken kann.

**Literaturbeilage**  Wo sie doch schon seit Erschaffung der Welt auf ihrer roten Hausbank sitzt.

**Wolf Haas**  Genau. Anni hat das übrigens als kleines Mädchen wirklich geglaubt, weil ihr Vater bei jeder Gelegenheit gesagt hat: Die Bachl sitzt schon seit der Erschaffung der Welt auf ihrer roten Hausbank und beobachtet das Wetter.

**Literaturbeilage**  Vittorio Kowalski hingegen ist eher in Weltuntergangsstimmung, als er entdeckt, dass er in der Falle sitzt.

**Wolf Haas**  Er hat sofort realisiert, dass er verschüttet ist. Weil die Erde in den Gang nachgerutscht ist. Er war nicht bewusstlos, nicht einmal benommen oder so. Wegen den Matratzen am Boden ist er weich gefallen. Und er hat gewusst, dass ihn da oben niemand suchen wird.

**Literaturbeilage**  Und kein Handyempfang in dem tiefen Felskeller.

**Wolf Haas** Wäre bestimmt keiner gewesen. Das war ja tief im Berg unten. Aber bei so Kleinigkeiten ist er seinem spießigen Vater ähnlicher, als ihm lieb ist. Zum Beispiel hat er ein Prinzip daraus gemacht, dass er im Urlaub sein Handy grundsätzlich nicht dabeihat.

**Literaturbeilage** Der Witz ist ja, dass einer aus dem Ruhrpott ausgerechnet in seinem Urlaubsort in den Alpen verschüttet wird.

**Wolf Haas** Na ja. Ich möchte jetzt nicht den Witz meines Buches erklären. Aber der Witz ist natürlich schon auch, dass er noch dazu beruflich damit beschäftigt ist, die scheinbar hysterischen Leute im Ruhrpott zu beruhigen.

**Literaturbeilage** Die Bürgerinitiative Bodenlos fand ich überhaupt sehr böse karikiert.

**Wolf Haas** Da ist mir nichts anderes übrig geblieben. Ich musste sie ja aus der Sicht von Kowalski beschreiben. Und immerhin war es sein Job, die in Schach zu halten. Das war natürlich nicht die reine Liebesbeziehung.

**Literaturbeilage** Und jetzt ist er selbst in einem lächerlichen Felskeller verschüttet. Und doch in viel größerer Lebensgefahr als jeder verschüttete Bergmann. Weil ihn niemand sucht.

**Wolf Haas** Es ahnt ja niemand, wo er ist. Blöderweise ist er noch mit dem Auto vom Hotelparkplatz weggefahren, so dass sie im Hotel auch glauben müssen, er ist eben weg. Die haben ja keine Ahnung gehabt, dass er da hinaufspaziert ist.

**Literaturbeilage** Dabei war Lukki sogar Chef der Bergrettung. Genau wie früher Annis Vater.

**Wolf Haas** Die hätten ihn natürlich sofort herausgeholt. Aber sie haben ja nichts geahnt.

**Literaturbeilage** Umgekehrt ahnt Vittorio sehr wohl, dass man von draußen nichts sieht.

**Wolf Haas**  Es ist ja im Grunde nicht viel passiert. Die morsche Kellerstiege ist unter ihm zusammengebrochen, und die Erde ist gerade so weit nachgerutscht, dass der Ausgang verstopft war. Das war so ein halb ausgebauter Felskeller unter dem Heuboden. Ein uraltes Schmugglerlager, so über eine Felsnische gebaut. Also Felswände, nur an einer Seite war es gemauert. Aber schlecht gemauert, und seit Jahren nicht mehr irgendwie in Stand gehalten. Und da ist eben die Erde nachgerutscht.

**Literaturbeilage**  Die Blockade war jedenfalls so massiv, dass er gar nicht versucht hat, sich rauszubuddeln.

**Wolf Haas**  Das war aussichtslos. Mit bloßen Händen! Sogar mit einer Schaufel hätte er es nicht geschafft. Von oben hat man nichts gesehen. Aber von seiner Warte aus war es –

**Literaturbeilage**  Als hätte sich Sesam geschlossen.

**Wolf Haas**  Das war einfach zugepappt für alle Ewigkeit. Und eine Schaufel war sowieso nicht da. Im Lager waren zwar unzählige vergessene Schmuggelgüter gehortet, aber eine Schaufel war nicht darunter. Man muss sagen, zum Glück, sonst wäre nur noch mehr Erdreich nachgerutscht und hätte ihn endgültig begraben. Oder er hätte sich durch die sinnlose Arbeit so geschwächt, dass er schon am zweiten Tag an Erschöpfung verreckt wäre.

**Literaturbeilage**  Schrecklich!

**Wolf Haas**  Ja, bei der Stelle hab ich schon Blut geschwitzt beim Schreiben. Dass das nicht wirkt wie *Fünf Freunde und das verfallene Schmugglerlager* oder so irgendwie.

**Literaturbeilage**  Na gut, Sie tun ja auch würklich alles, damit es nicht so rüberkommt. Sie zählen seitenlang die Gegenstände auf, die er im Schmugglerlager findet.

**Wolf Haas** Es war natürlich ein Haufen Zeug da, weil seit dem Tod von Annis Vater niemand mehr das Lager betreten hat.

**Literaturbeilage** Sie erstellen geradezu eine Inventarliste mit den seit fünfzehn Jahren vor sich hin gammelnden Schmuggelgütern. Verrottete Kassettenrecorder, Kaffeemaschinen, Autofelgen, Mixer, Mikrowellen, Lampen, Werkzeuge, Plattenspieler, Kochtöpfe, Pfannen, Schreibmaschinen.

**Wolf Haas** Das ist natürlich schon bizarr, wenn man mit diesem ganzen Plunder eingesperrt ist.

**Literaturbeilage** Moderne Grabbeigaben.

**Wolf Haas** Moderne Grabbeigaben, das klingt schön. Diese Assoziation hatte ich gar nicht. Für mich war es mehr der Wohlstandsplunder vergangener Tage, also einfach alte, sinnlos gewordene Geräte.

**Literaturbeilage** Es heißt in Ihrem Buch ja auch, die Geräte sehen nicht aus, als würden sie erst seit fünfzehn Jahren hier liegen.

**Wolf Haas** Sondern seit Frau Bachls Geburt. Was bekanntlich sehr lange ist.

**Literaturbeilage** Der vor fünfzehn Jahren verunglückte Schmuggler ist ja durch die unzähligen Waren auch sehr präsent in dieser Situation. Als hätte sein Rachegeist Gestalt angenommen in diesen bizarren Gegenständen, die jetzt den Mann, der doch ürgendwie an seinem Tod mit schuld war, in den Tod begleiten. Man könnte pathetisch sagen, Vittorio hat ihm die Tochter und das Leben genommen, aber jetzt kehrt der Lastwagenfahrer in Gestalt seiner Schmuggelgüter zurück und –

**Wolf Haas** Na ja, „die Tochter und das Leben genommen". Das klingt, wenn man diesen sanften Vittorio kennt, schon ein bisschen lächerlich. Aber trotzdem. Es stimmt natürlich, dass die beiden Väter in dieser Szene sozusagen ihren großen Auftritt haben.

**Literaturbeilage**  Als große Abwesende. Herr Bonati in Form seiner gespenstischen Schmuggelgüter. Und Vittorios Vater in Form der Klopfzeichen, die sein Sohn panisch zu geben anfängt.

**Wolf Haas**  Sein Vater ist nicht nur in Form der Klopfzeichen präsent. Also schon. Das *tock tock tock*, das er sofort nach oben sendet, das ist natürlich schon extrem der Vater. Das hat der ihm ja schon als Kind beigebracht, wie man richtig Klopfzeichen macht.

**Literaturbeilage**  Das hat auch ürgendwie so was von Poltergeist.

**Wolf Haas**  Aber noch stärker präsent ist sein Vater in den ganzen Unglücksstatistiken, die ihm sofort durch den Kopf schießen.

**Literaturbeilage**  Das ist ja würklich entsetzlich, dass der dem armen Kind in einem fort von den ganzen Grubenunglücken erzählt hat.

**Wolf Haas**  Da muss man auch vorsichtig sein mit der Beurteilung. Ich glaub, der Vater hat ihm ganz allgemein die Heldengeschichten aus dem Ruhrgebiet erzählt. Das war natürlich, weil er selber das Problem hatte, dass alle seine Vorfahren Wettersteiger waren.

**Literaturbeilage**  Und er eben als Erster nicht mehr.

**Wolf Haas**  Er hat diese Trinkhalle betrieben. Das war auch so ein Wort, das mich am Anfang fasziniert hat, und jetzt kommt's mir schon ganz normal vor. Dass die zu jedem noch so winzigen Kiosk „Trinkhalle" sagen.

**Literaturbeilage**  Seine junge Frau hat er ja auch in der Trinkhalle kennen gelernt.

**Wolf Haas**  Aber nicht als Gast, sondern die war damals seine erste Angestellte. Und er war eben der erste Trinkhallenwirt in der Ahnenreihe aus lauter Wettersteigern. Da kann man subjektiv auch irgendwie verstehen, dass der da diesen sentimentalen Hang zu den alten Kumpelgeschichten entwickelt hat. Und es hat noch einen Grund gegeben. Aber den wollte ich nicht ins Buch hineinnehmen. Das wäre sonst zu kompliziert geworden.

**Literaturbeilage** Die Zeit des Niedergangs ist ja historisch immer der große Moment für die sentimentalen Geschichtsschreiber.

**Wolf Haas** Eben. Aber ich glaube nicht, dass der Vater so rein unglückszentriert war. Man muss gerechterweise sagen, die Unglücksfälle waren das Einzige, was den Sohn interessiert hat. Kinder mögen ja blutrünstige Geschichten. Also das ist auf jeden Fall interessanter für ein Kind als irgendwelche folkloristischen Details. Wie die Kumpel zu ihrem Spind gesagt haben oder zu ihrer Schutzkleidung, das ganze „Fahrsteiger" und „Reviersteiger" und „Wettersteiger" und „Weißkaue" und „Schwarzkaue" und der ganze heimatkundlerische Topfen.

**Literaturbeilage** Topfen ist?

**Wolf Haas** Quark.

**Literaturbeilage** Die Todeszahlen und Schreckensstatistiken, die ihm durch den Kopf jagen, als er –

**Wolf Haas** Jetzt erwarte ich fast, dass Sie sagen, dass Ihnen das etwas *too much* war.

**Literaturbeilage** Nein, eigentlich nicht. Es war sogar ürgendwie faszinierend. Das ganze Grimberg und Dahlbusch und so weiter, allein die Namen, die Sie immer wieder aufzählen. Mutter-Gottes-Schacht!

**Wolf Haas** Ihm sind einfach die ganzen von Kindheit an vertrauten Schreckensfakten durch den Kopf geschossen. Alsdorf, 290 Tote. Weddinghofen, 405 Tote. Luisenthal, 299 Tote. Das waren ja überall Wetterexplosionen.

**Literaturbeilage** Schlagende Wetter.

**Wolf Haas** Schlagwetter, genau. Oder die 300 Toten im Segen-Gottes-und-Neue-Hoffnung-Schacht.

**Literaturbeilage** Ach, Segen Gottes, nicht Mutter Gottes, ich bin blöd. Und natürlich immer wieder Dahlbusch und Lengede.

**Wolf Haas** Dahlbusch und Lengede natürlich immer wieder wegen der geretteten Bergmänner. Das war die Hoffnung, an die er sich geklammert hat. Er war ja in Wahrheit in einer vollkommen hoffnungslosen Lage! Das kommt im Buch überhaupt nicht rüber, wie hoffnungslos. Durch die Ich-Perspektive. Durch den vorgezogenen Kuss. Man weiß beim Lesen ja, er wird irgendwie davonkommen.

**Literaturbeilage** Aber als Leserin ist man doch vor bösen Überraschungen ebenso wenig gefeit wie der Held der Geschichte selbst. Man weiß hier zum Beispiel immer noch nicht, dass Kowalski den am Anfang geschilderten Kuss auf seinen Backenknochen –

**Wolf Haas** Einen Zentimeter darunter.

**Literaturbeilage** – dass er den Kuss von Anni in der Intensivstation bekommen hat!

**Wolf Haas** Intensivstation ist allerdings wesentlich besser als lebendig begraben.

**Literaturbeilage** Die Chancen stehen etwas besser.

**Wolf Haas** Und man kann schon Küsse kriegen.

**Literaturbeilage** Etwas Hoffnung muss er da unten aber doch gehabt haben. Weil er unermüdlich seine Klopfzeichen gab. Das war beim Lesen auch schwer auszuhalten. Dieses dauernde *tock tock tock*.

**Wolf Haas** Für ihn war es schwer auszuhalten, dass keine Antwort gekommen ist.

**Literaturbeilage** Er hat auch gleich geahnt, dass niemand nach ihm sucht.

**Wolf Haas** Und diese Ahnung ist immer mehr zu einer Gewissheit geworden, je länger keine Hilfe gekommen ist. Nach einem halben Tag hat er endgültig gewusst, dass von außen gar nichts zu sehen war.

**Literaturbeilage** Die Bergrettung hätte längst da sein müssen.

**Wolf Haas** Es hat ihn niemand klopfen gehört. Das Schmugglerlager liegt ja nicht einmal direkt am Wanderweg, das liegt mindestens zwanzig Meter seitlich. Wo es eben schon so ein bisschen felsig wird. Es war komplett hoffnungslos, dass ihn da jemand zufällig hört. Darum sind ihm ja in den ersten Minuten schockartig all die Unglücksstatistiken seiner Kindheit wieder eingefallen. 103 Tote in Maybach. 290 Tote in Alsdorf. 51 Tote in Stolzenbach. 299 Tote im Schacht Grimberg in Luisenthal. 360 Tote in Hamm. 144 Tote in Merthyr Tydfil, 114 davon Kinder.

**Literaturbeilage** Hören Sie bloß auf!

**Wolf Haas** Ja, das *Aberfan Disaster*. Das ist in der Nähe von Swansea, wo ich gewohnt habe.

**Literaturbeilage** Sie sind ja fast so besessen davon wie Ihr Protagonist Kowalski!

**Wolf Haas** Es ist schon interessant, wie einem in einer Extremsituation solche Sachen wieder einfallen.

**Literaturbeilage** Wobei ich besonders interessant finde, dass Sie sagen „Unglücksstatistik seiner Kindheit". Da steckt für mich viel drin. Vielleicht brauchte er ja später seine Wetterstatistik auch als eine Art Gegengift, um die Unglücksstatistik seiner Kindheit zu verdrängen.

**Wolf Haas** Ich bin Ihnen sehr dankbar, dass Sie ihn bezüglich Wetter als Statistiker sehen. Es hat ja in den Kritiken immer geheißen, er sei begeisterter Hobbymeteorologe und so weiter. Aber für mich ist er auch mehr Statistiker als Meteorologe.

**Literaturbeilage** Trotz der niederschmetternden Todesstatistiken hat er weitergeklopft.

**Wolf Haas** Er hat unermüdlich sein *tock tock tock* nach oben gesendet. Seine winzige Hoffnung hat sich an die legendären Rettungswunder geklammert. Dahlbusch, wo man die drei Überlebenden aus 850 Metern heraufgeholt hat. Und das im Jahr 1955! Nicht mit den heutigen technischen Möglichkeiten. Siebzig Männer sind in Dahlbusch ums Leben gekommen. Aber drei hat man herausgeholt. Aus 850 Metern!

**Literaturbeilage** Und vor allem Lengede, wo elf Männer noch nach vierzehn Tagen gerettet wurden.

**Wolf Haas** Da ist übrigens noch einmal die für Dahlbusch entwickelte Bergekabine zum Einsatz gekommen. Die Dahlbusch-Bombe. In Lengede war das Problem, dass man die Klopfzeichen der Verschütteten zuerst nicht gehört hat. Erst nach vierzehn Tagen hat man sie endlich klopfen gehört! Das war 1963. Im Oktober '63 war das. Da gibt es sogar schon TV-Dokumente. Wie die Männer nach vierzehn Tagen gespensterhaft aus der Dahlbusch-Bombe wanken, mit kohlegeschwärzten Gesichtern und absurderweise mit richtig coolen dunklen Sonnenbrillen, die man ihnen in die Bergekabine gelegt hat, damit sie nach so vielen Tagen in der Dunkelheit nicht vom Licht geblendet werden.

**Literaturbeilage** Da haben wir wieder die Gespenster.

**Wolf Haas** Wieso „wieder"?

**Literaturbeilage** Weil ich vorhin sagte, das *tock tock tock* hat was von Poltergeist.

**Wolf Haas** Aber das waren für ihn natürlich positive Gespenster. Weil er sich an diese Hoffnung geklammert hat. Wenn man die Bergmänner in Lengede noch nach vierzehn Tagen klopfen gehört hat, vielleicht hört ihn doch auch noch irgendein Wanderer.

**Literaturbeilage** Besonders perfide fand ich, dass gerade das Wetter gegen seine Rettung sprach.

**Wolf Haas** Ja, wenn wenigstens Wanderwetter gewesen wäre! Aber es hat ja immer noch geregnet. Das war schon bitter, dass Annis hedonistische Hoffnung auf schönes Hochzeitswetter für ihn plötzlich eine Frage auf Leben und Tod war!

**Literaturbeilage** Ich hab mich gefragt, wie lange ein Mensch in so einer Situation überleben kann. Ohne Essen und ohne Flüssigkeit.

**Wolf Haas** Im Grunde war das ja ein irres Pech. Alles war da, Strickmaschinen, Plattenspieler, Autoreifen, da hätte Annis Vater doch auch irgendwo einen Karton mit Dosenfutter oder eine Palette Coladosen oder irgendwas lagern können. Aber absolut nichts.

**Literaturbeilage** Das hab ich mir beim Lesen auch gedacht. Und ohne alles kann man bestimmt nicht lange –

**Wolf Haas** Also ohne alles kann ein halbwegs gesunder Mensch in so einer Situation schon zehn Tage oder so überleben. Die Männer in Lengede haben vierzehn Tage überlebt, die hatten allerdings zumindest ihre Tagesration mit. Dann hatten die auch Wasser.

**Literaturbeilage** Zehn Tage? Ohne Wasser?

**Wolf Haas** Ein bisschen Wasser hat er ja auch zusammengekriegt, weil es an ein paar Stellen feucht über die senkrechten Felswände gesickert ist.

**Literaturbeilage** Dass er nicht komplett ohne jede Hoffnung war, zeigt sich nicht nur an den Klopfzeichen, sondern vor allem daran, dass er seinen Countdown wieder aufnimmt. Noch 76 Stunden bis zur Hochzeit, noch 70 Stunden bis zur Hochzeit, noch 65 Stunden bis zur Hochzeit.

**Wolf Haas** Ja. Er nimmt ihn nicht gleich auf. Sondern erst –

**Literaturbeilage** Wobei ich hier sehr interessant finde, dass er ausgerechnet auf Annis Hochzeitstag hin zählt. Dass in seiner lebensgefährlichen Lage immer noch die Hochzeit das entscheidende Datum für ihn ist.

**Wolf Haas** Nicht „immer noch". Bevor er verschüttet wurde, hatte er es ja schon akzeptiert, dass Anni Lukki heiratet. Spätestens als sie ihm das Hochzeitskleid gezeigt hat, war er clean.

**Literaturbeilage** Warum richtet er dann seinen Überlebens-Countdown ausgerechnet auf Annis Hochzeit aus? Und nicht auf – meinetwegen „in vierzehn Tagen", wo die Bergmänner in Lengede noch gerettet wurden – oder sonst irgendein fiktives Überlebensdatum. Es scheint fast, als wäre sein Überleben immer noch mit Anni verknüpft.

**Wolf Haas** Aber erst ab dem Moment, wo er die Briefe entdeckt! Die sind ihm ja erst am zweiten Tag seiner Gefangenschaft in die Hände gefallen. Die waren in einer Kiste versteckt, und als Briefbeschwerer ist eine LKW-Batterie draufgestanden. Wissen Sie, wie schwer so eine Batterie mit zwölf Destillierschrauben ist?

**Literaturbeilage** Ne, ich war ja nie Tankwart. Natürlich, das ist mir schon klar: Die Briefe enthalten die entscheidende Information. Aber –

**Wolf Haas** – aber über die reden wir heute nicht mehr. Pornografische Themen soll man grundsätzlich nur am Vormittag besprechen. Alte Bauernregel.

# Fünfter Tag

**Literaturbeilage** Herr Haas, warum betonen Sie eigentlich so, dass Vittorio Kowalski den entscheidenden
Hinweis im Brief seiner Mutter zuerst überlesen hat?

**Wolf Haas** Jetzt sind Sie der alten Journalistenversu-
chung erlegen und haben selbst die Antwort gegeben.

**Literaturbeilage** Die Antwort worauf?

**Wolf Haas** Auf Ihre gestrige Frage, warum er den
Countdown auf die Hochzeit hin gezählt hat. Weil für
ihn die Briefe eben zwei entscheidende Hinweise gleichzeitig enthalten haben. Bevor die Erwähnung der Waffenkisten in seinem Hirn richtig angekommen ist, hat er
erst einmal die Information verarbeiten müssen, dass er
all die Jahre seine Schuldgefühle ganz umsonst mit sich
herumgetragen hat.

**Literaturbeilage** Weil der Schmuggler damals gar nicht
in sein Versteck hinaufgekommen ist, um die beiden
Kinder vor dem Unwetter zu retten.

**Wolf Haas** Sondern um seine Geliebte zu vögeln, ganz
genau.

**Literaturbeilage** Und die Geliebte war noch dazu Vittorios Mutter.

**Wolf Haas** Ihr Faible für italienische Familiennamen
war einfach stärker als sie.

**Literaturbeilage** Wollten Sie da ürgendwie so was Fou-
cault-Mäßiges reinbringen? Das Reden über Sex ver-
deckt den entscheidenden Hinweis auf die Waffenkisten?

**Wolf Haas** Hab ich das wirklich so betont, dass er sich
nicht sofort auf die Waffenkisten stürzt?

**Literaturbeilage** Mir ist es eigentlich nur durch seine

penetrante Rechtfertigung aufgefallen. Ansonsten hätte ich es ganz normal gefunden, dass so ein Plan nicht binnen Sekunden im Kopf entsteht.

**Wolf Haas** Möglich ist es schon, dass ich da etwas gerechtfertigt habe, wo es gar nichts zu rechtfertigen gab. Ich fürchte, da haben Sie mich bei einem versteckten Motiv erwischt. Ich war nämlich einfach wahnsinnig froh, dass er nicht augenblicklich angefangen hat, die Waffenkisten zu suchen. Wahrscheinlich hab ich es deshalb so betont, dass er zwei Stunden auf der Leitung gestanden ist. Weil ich sonst nämlich zu spät gekommen wäre.

**Literaturbeilage** Sie sind aber rechtzeitig zur Hochzeit gekommen?

**Wolf Haas** Ich wäre sowieso leicht rechtzeitig gekommen, wenn ich mich nicht auf den letzten Kilometern noch zweimal verfahren hätte. Von Gelsenkirchen bis zur Grenze hatte ich überhaupt kein Problem. Kein Stau, gar nichts. Aber dann bin ich im Kreis gefahren. Ich hab einfach einen furchtbaren Orientierungssinn.

**Literaturbeilage** Da können wir uns die Hand reichen.

**Wolf Haas** Ich glaub, das ist, weil ich in einem Internat aufgewachsen bin. Wenn man sich acht Jahre nur zwischen drei Sportplätzen zurechtfinden muss, bildet man das nicht aus. Mit Himmelsrichtungen und so.

**Literaturbeilage** Ne, das glaub ich nicht. Das hängt wohl mehr mit den Gehirnhälften zusammen.

**Wolf Haas** Jedenfalls hab ich dann doch noch hingefunden. Aber als ich zum Hotel gekommen bin, war es völlig verlassen. Also nicht versperrt oder so. Aber es war keine Menschenseele anzutreffen.

**Literaturbeilage** Sie wussten, in welchem Hotel Kowalski sein Zimmer gebucht hatte?

**Wolf Haas** Von der Schreibkraft Claudia. Die hat für

ihn angerufen und das Zimmer reserviert. Aber es war nicht nur das Hotel verlassen. Das ganze Dorf war ausgestorben, weil in der Kirche gerade die Hochzeit angefangen hat.

**Literaturbeilage** Wie haben Sie das überhaupt erfahren, wenn kein Mensch zu sehen war?

**Wolf Haas** Zum Glück ist Frau Bachl auf ihrer roten Hausbank gesessen. Sie ist nicht mehr so gut zu Fuß. Zumindest sagt sie das. Ich hab ja den Verdacht, dass sie überhaupt nicht so gern in die Kirche geht.

**Literaturbeilage** Wahrscheinlich, weil sie schon auf ihrer Wetterbank saß, bevor die Kürchen erfunden wurden.

**Wolf Haas** Das glaub ich auch.

**Literaturbeilage** Aber im Buch haben Sie geschrieben, dass Frau Bachl in der Kürche ganz vorne sitzt.

**Wolf Haas** Ja im Buch wollte ich sie schon dabeihaben. Aber in Wirklichkeit war es mein Glück, dass ich von ihr alles erfahren hab.

**Literaturbeilage** Und Sie sind noch rechtzeitig in die Kürche gekommen?

**Wolf Haas** Mehr als fünf Minuten zu spät war ich nicht. Ich bin fast nicht hineingekommen, weil die Kirche total überfüllt war. Aber es war ein guter Moment zum Hineindrängen, weil sie gerade das erste Lied gesungen haben. Ich hab also nichts Entscheidendes verpasst.

**Literaturbeilage** In dem Moment hatte Vittorio seinen Sprengsatz noch immer nicht fertig.

**Wolf Haas** Für ihn war es natürlich ein Wettlauf mit der Zeit. Jetzt, wo er alles wusste, wollte er unbedingt vor der Hochzeit hinaus.

**Literaturbeilage** Aber er hat es eben erst zwei Stunden vor Beginn der Hochzeit kapiert.

**Wolf Haas** Ja, zwei Stunden und zwölf Minuten vor

der Hochzeit hat er angefangen. Er hat den Boden herausgerissen und die Waffenkisten gesucht.

**Literaturbeilage**  Da waren Sie noch auf der Autobahn.

**Wolf Haas**  Nein, da hätte ich schon fast in Farmach sein können, wenn ich nicht dreißig Kilometer in die falsche Richtung gefahren wäre.

**Literaturbeilage**  Für Sie war es würklich ein Glück, dass Vittorio nicht sofort mit dem Bau des Sprengsatzes begonnen hat.

**Wolf Haas**  Sie haben schon Recht, eigentlich ist es ganz normal, dass er nicht sofort auf die Idee verfallen ist. Das hätte ich nicht lang begründen müssen. Immerhin ist es ein echtes Himmelfahrtskommando, sich aus einem verschütteten Bunker freizusprengen.

**Literaturbeilage**  Es hat mich weniger die Tatsache gestört, dass er sich rechtfertigt. Es war mehr die Art der Begründung, warum er den Hinweis zuerst übersieht. Finden Sie es würklich so *shocking*, etwas über die sexuellen Ausschweifungen der eigenen Eltern zu erfahren?

**Wolf Haas**  Ich?

**Literaturbeilage**  Wir wollen hier nicht den Fehler begehen und die Ansichten des Autors mit jenen des Protagonisten gleichsetzen. Aber diese ganze Silbersternchen-Thematik kommt vielleicht deshalb etwas verklemmt rüber, weil man immer das Gefühl hat, es geht Ihnen eigentlich um was anderes, das Sie nicht aussprechen wollen.

**Wolf Haas**  Hier geht es ja wirklich um was ganz anderes. Und das wird auch deutlich ausgesprochen. Nämlich dass die Schuldgefühle, die ihn und Anni auseinander gebracht haben, nur aus den Geheimnissen ihrer Eltern gebraut waren.

**Literaturbeilage**  Damit war der Rückfall besiegelt.

**Wolf Haas**  Was meinen Sie mit Rückfall?

**Literaturbeilage**  Weil Sie vorhin sagten, Vittorio war clean, seit Anni ihm das Hochzeitskleid gezeigt hat.

**Wolf Haas**  Genau, das war natürlich der Megarückfall. Und wie es so ist bei Rückfällen. Jetzt war's schlimmer als je zuvor. Jetzt ist es nicht mehr nur ums Rauskommen gegangen. Sondern ums Rechtzeitig-Rauskommen. Vor der Hochzeit!

**Literaturbeilage**  Und er hatte nur noch zwei Stunden Zeit.

**Wolf Haas**  Er wollte unter allen Umständen verhindern, dass Anni den falschen Mann heiratet. Unter falschen Voraussetzungen. Er wollte ihr unbedingt noch vor der Hochzeit mitteilen, was er aus den Briefen erfahren hat.

**Literaturbeilage**  Aber Anni wusste doch längst, dass ihr Vater damals gar nicht hochgekommen ist, um sie zu retten. Dass ihr Vater über all die Jahre ein Verhältnis mit Frau Kowalski hatte. Es war doch nur für ihn neu. Annis Mutter war ja nicht so verschwiegen gewesen wie seine Mutter.

**Wolf Haas**  Anni hat es schon gewusst! Aber Vittorio hat nicht gewusst, dass sie es wusste. Er hat geglaubt, Anni ist genauso ahnungslos wie er. Er hat sich gedacht, sonst würde sie doch niemals den Lukki heiraten.

**Literaturbeilage**  Eine Art Selbstbestrafung.

**Wolf Haas**  Vielleicht. Jedenfalls hat er gehofft, dass –

**Literaturbeilage**  – dass Anni es sich noch mal überlegt.

**Wolf Haas**  Ja, wenn sie erfährt, dass die ganzen Schuldgefühle umsonst waren.

**Literaturbeilage**  Wobei die Schuldgefühle offenbar nicht nur eine negative Seite haben. Sie schreiben: Während er den morschen Bretterboden unter den verschimmelten Matratzen herausriss, kam ihm der Gedanke, dass er sich in Anni vielleicht nur so verliebt hat, weil sein erster Kuss ihren Vater das Leben kostete.

**Wolf Haas** Ja, für einen Mann hat das natürlich was.

**Literaturbeilage** Wenn sein erster Kuss den Vater des Mädchens um die Ecke bringt?

**Wolf Haas** Das kann man jetzt ruhig pubertär nennen meinetwegen. Sie dürfen nicht vergessen, dass wir hier von einem Pubertierenden reden, wir reden von einem Fünfzehnjährigen.

**Literaturbeilage** Das schon. Aber man muss ja die Pubertät nicht unbedingt pubertär abhandeln. Womit ich nicht sagen will, dass Sie das tun. Zu alldem ließe sich noch viel sagen, aber ich muss jetzt –

**Wolf Haas** Ach! Angriff, und dann keine Zeit zur Verteidigung.

**Literaturbeilage** Sie sind doch derjenige, der es unspannend findet, wenn immer jeder ausreichend zu Wort kommt.

**Wolf Haas** Interessant.

**Literaturbeilage** Kommen wir zu der Tatsache, dass seine Mutter ihm nie die Wahrheit gesagt hat. Obwohl sie doch mit angesehen hat, dass ihr Sohn sich nach dem Vorfall ürgendwie eigentümlich entwickelt.

**Wolf Haas** Das war schon ein Wahnsinn. Die ist erst zwei Jahre vor seinem Fernsehauftritt gestorben und –

**Literaturbeilage** Der Vater ist schon früher gestorben?

**Wolf Haas** Ja, der ist schon ein paar Monate nach seinem sechzigsten Geburtstag gestorben. Das ist kein Alter. Und trotzdem ist er doppelt so alt geworden wie sein eigener Vater.

**Literaturbeilage** Wieso ist der denn so früh gestorben?

**Wolf Haas** Das hab ich extra nicht ins Buch reingenommen, weil es zu weit geführt hätte. Vittorios Großvater war einer von den 70 Toten in Dahlbusch.

**Literaturbeilage** Ach darum durfte Vittorios Vater nicht Wettersteiger werden. Jetzt verstehe ich das erst.

**Wolf Haas** Ja, das Thema hängt ein bisschen in der Luft, das muss ich zugeben. Aber ich hab mich trotzdem entschieden, das draußen zu lassen. Sonst wird man als Leser auch verschüttet sozusagen, mit zu vielen Bezügen.

**Literaturbeilage** Das find ich aber schade, dass Sie das ausgeklammert haben! Dann würde man seine Bergbausentimentalität ja viel besser verstehen.

**Wolf Haas** Jedenfalls war Vittorios Vater schon einige Jahre tot. Es wäre also für die Mutter wirklich kein Problem gewesen, mit dem Geheimnis herauszurücken. Dass sie ihrem inzwischen erwachsenen Sohn sagt, pass auf, Schuldgefühle –

**Literaturbeilage** – kannste vergessen.

**Wolf Haas** Genau. Das kann man doch irgendwann als alte Frau zugeben, dass man auch gelebt hat. Dass man sagt, leidenschaftlicher Urlaubsflirt mit dem Zimmervermieter über Jahre. Und Asthmaanfälle stark übertrieben, damit eine Alternative zur jährlichen Fahrt in den Ort mit der „guten Luft" gar nicht in Frage kam.

**Literaturbeilage** Ich hatte den Eindruck, dass ihr Sohn sie verdächtigt, das Asthma überhaupt nur vorgetäuscht zu haben.

**Wolf Haas** Hochstilisierte Atemnot! Aber das kann man doch im Alter auch einmal zugeben und dem Sohn erklären: Euer Kinderkram, das war gar nicht das eigentliche Drama an diesem Wettertag.

**Literaturbeilage** Das Unglück der Kinder war, dass sie sich ausgerechnet in das geheime Liebesnest der Eltern retteten.

**Wolf Haas** Wobei sie in das eigentliche Liebesnest gar

nicht vorgedrungen sind. Sie waren ja oben, am eben-
erdigen Heuboden. Und unten, wo Vittorio jetzt eingesperrt war, wo seine Mutter sich immer mit dem Bonati
getroffen hat, das war wirklich ein Liebesnest. Da war

ja alles, der ganze Boden mit Matratzen ausgelegt. Beim
Sturz die Treppe hinunter war das ein ziemliches Glück
für ihn. Das Schmugglerlager war zuletzt schon mehr
Tarnung für das Liebesnest als sonst was.

**Literaturbeilage** Eigentlich eine doppelte Tarnung.
Oben der Heuboden war Tarnung für das Schmugglerlager im Keller. Aber unten waren die Schmuggelgüter
vor allem Tarnung für das Liebesnest.

**Wolf Haas** Und natürlich sind die beiden immer auf verschiedenen Wegen hinauf. Er ist meistens mit dem Motorrad über den Forstweg hinaufgefahren, über den er ja
auch mit dem Jeep die Waren hinaufgeliefert hat, und sie
ist eben den Wanderweg hinaufspaziert. Darum konnte
Frau Kowalski ja noch umkehren, wie es plötzlich finster
geworden ist. Sie ist wirklich wie ein begossener Pudel
heimgekommen. Als wäre sie untergetaucht worden!

**Literaturbeilage** Wie Vittorio als Kind, wenn Lukki
ihn im Waldbad von der Luftmatratze stieß.

**Wolf Haas** Und Annis Vater war eben schon fast oben,
als das Wetter aufgezogen ist, und wollte sich in sein
Schmugglerlager retten.

**Literaturbeilage** Ins Schmuggler- und Liebeslager. In
dem aber schon seine Tochter splitternackt mit ihrem
Freund im Heu lag.

**Wolf Haas** Und ihren Vater nicht reingelassen hat. Genau.

**Literaturbeilage** Und jetzt, fünfzehn Jahre danach,
wird Vittorio Kowalski nicht mehr rausgelassen.

**Wolf Haas** *(lacht)* So ist das mit der Liebe. Entweder
wirst du nicht reingelassen oder nicht rausgelassen.

**Literaturbeilage** Na, gut, dass Sie das nicht im Buch geschrieben haben. Das klingt ja würklich mehr nach Riemer.

**Wolf Haas** Jetzt kommen Sie gleich wieder mit dem Silbersternchen-Orgasmus daher.

**Literaturbeilage** Allerdings nicht ohne Grund. Ich nehme doch an, Sie haben Riemers Silbersternchen-Theorie am Anfang des Buches deshalb so viel Platz eingeräumt, weil Frau Kowalski in ihrem Brief so blumig schildert, wie sie in den Armen ihres Geliebten das Bewusstsein verloren hat.

**Wolf Haas** Ich wollte verhindern, dass das alles auf Frau Kowalski allein fällt.

**Literaturbeilage** Riemer hat es aber im Gegensatz zu Frau Kowalski nie selbst erlebt.

**Wolf Haas** Ach woher! Riemer hat nur einmal irgendwo gelesen, je besser der Sex, umso schlechter könne man sich im Nachhinein daran erinnern. Also mittelmäßiger Sex gute Erinnerung, grandioser Sex schlechte Erinnerung. Silbersternchen-Sex gar keine Erinnerung.

**Literaturbeilage** Ist das eigentlich würklich so?

**Wolf Haas** Pfff, da müssen Sie wen anderen fragen. Jedenfalls war Vittorio zuerst völlig auf diesen Teil der Briefstelle fixiert. Das ist ja für die meisten Leute ein etwas seltsames Thema, die Sexualität der Eltern, also da braucht man gar nicht so unerfahren wie der gute Vittorio sein, dass man so was nicht unbedingt wissen will. Und jetzt muss er da die begeisterte Schilderung lesen, wie seine Mutter vor lauter lauter lauter –

**Literaturbeilage** – ding.

**Wolf Haas** Nein, bitte nicht schon wieder. Vor lauter lauter –

**Literaturbeilage** – vor lauter Wonne.

**Wolf Haas** Ja das ist schön! Wonne!

**Literaturbeilage** *Delight!*

**Wolf Haas** Wie seine Mutter vor lauter Wonne in Ohnmacht gefallen ist. Also höchste Riemer'sche Silbersternchen-Kategorie.

**Literaturbeilage** Dazu muss ich Sie später noch was Wichtiges fragen. Ich hab da nämlich einen schweren Verdacht. Sie wissen ja bestimmt schon, was ich meine. Und damit ich's nicht vergesse, binde ich jetzt meine Uhr um das rechte Handgelenk. Das irritiert mich immer so, dass ich dadurch dran denke.

**Wolf Haas** Guter Trick.

**Literaturbeilage** Das ist mein Knopf im Taschentuch.

**Wolf Haas** Ja, heute hat man ja gar keine Taschentücher mehr in dem Sinn. Wir könnten aber auch gleich drüber reden, dann müssen Sie nicht –

**Literaturbeilage** Ne, beenden wir zuerst das mit der Silbersternchen-Ohnmacht von Vittorios Mutter. Sie schildert ihre Ohnmachtsanfälle so blumig, dass sie an einer Stelle die ziemlich barocke Phantasie beschreibt, die Waffenkisten, die seit Jahrzehnten unter dem Boden des Liebeslagers vor sich hin gammeln, seien in die Luft gegangen.

**Wolf Haas** Das war die entscheidende Information.

**Literaturbeilage** Ich finde übrigens, dass das eine sehr poetische Stelle ist.

**Wolf Haas** Ja, das ist Originaltext aus dem Brief. Ein bisschen entschärft hab ich's schon. Sonst heißt es wieder, der Haas, die Sau. Außerdem war es wirklich stellenweise schwer auszuhalten, wie seine Mutter schreibt, dass die Waffenkisten unter ihnen, entzündet von ihrer Lust, explodieren, und sie zu zweit in den Himmel hinaufgeschossen werden. Das sind natürlich Sachen, die traut man sich normalerweise nie schreiben. Als Fundstück ist es im Grunde genauso problematisch, es wird ja dann doch zum eigenen Text, sobald man's einbaut. Aber man traut sich eben doch leichter drüber.

**Literaturbeilage** Weil man nicht selbst dafür verantwortlich ist.

**Wolf Haas** Ja wahrscheinlich. Eine Zensurbehörde weniger oder so. Ich hatte aber sowieso keine Wahl. Ich musste es in das Buch reinnehmen, um glaubhaft zu machen, warum ihr Sohn eine Zeit lang brauchte, bis er begriffen hat.

**Literaturbeilage** Dass er sich eigentlich lieber mit den erwähnten Waffenkisten beschäftigen sollte.

**Wolf Haas** Da sind entscheidende Minuten verstrichen! Aber Sie haben schon Recht, vielleicht hätte ich das gar nicht so betont, wenn ich nicht selber erst in letzter Sekunde gekommen wäre.

**Literaturbeilage** Erst gut zwei Stunden vor Annis Hochzeit hatte er so viele Bodenbretter rausgezogen, dass er an die erste Waffenkiste rankam.

**Wolf Haas** Ja, zwei Stunden und fünf Minuten vor der Hochzeit hat er die erste Kiste freigelegt. Sie war aber leider versperrt.

**Literaturbeilage** Eine Stunde und 58 Minuten vor Annis Hochzeit war die erste Kiste offen.

**Wolf Haas** Da waren allerdings nur Maschinengewehre drinnen. Die uralten Weltkriegs-Mauser. Als er endlich die Kiste mit den Handgranaten offen gehabt hat, waren es nur noch eineinhalb Stunden. Dann gleich die Tellerminen. Ab dem Zeitpunkt hat er wirklich wie ferngesteuert agiert.

**Literaturbeilage** Ich fand den Teil ja etwas schwierig. Als Frau fehlt mir da auch jegliche Bundeswehrerfahrung oder Ähnliches.

**Wolf Haas** Ja, mir allerdings auch. Ich hab Zivildienst gemacht. Beim Roten Kreuz.

**Literaturbeilage**  Ach das ist interessant.

**Wolf Haas**  Übrigens sagt man in Österreich Zivildiener und in Deutschland Zivildienstleistender. Ich finde, damit kann man den ganzen Unterschied zwischen den beiden Ländern erklären.

**Literaturbeilage**  Ach was, Diener?

**Wolf Haas**  Mit Handgranaten und Tellerminen hab ich's jedenfalls auch nicht so. Aber für Kowalski war das weniger schwierig. Erstens hat der brav bei der Bundeswehr seine Zeit abgedient. In Recklinghausen. Und zweitens hat er als Ingenieur natürlich ein gewisses technisches Grundverständnis.

**Literaturbeilage**  Ich hab es so verstanden, dass er von den Handgranaten den Zünder ausgebaut und an eine Tellermine angebaut hat.

**Wolf Haas**  Ja, mehr war es im Grunde auch nicht. Außer dass er noch drei Tellerminen miteinander verdämmt hat, um genügend Sprengkraft zu kriegen. Im Prinzip hat er einfach bei den Tellerminen die Kopfzünder und Bodenstücke entfernt und als Zünder die Handgranate verwendet.

**Literaturbeilage**  Weil die eine verzögerte Zündung hat, das hab ich verstanden.

**Wolf Haas**  Ja, sonst würde die Handgranate ja schon in der Hand des Werfers explodieren. Das kennen Sie bestimmt aus irgendwelchen Kriegsfilmen. Der Soldat zieht diesen Zugzünder, und dann wirft er die Granate, und erst nach fünf Sekunden oder so, also bei den Feinden drüben, geht die in die Luft.

**Literaturbeilage**  Und das war für ihn die Frist, wo er sich in Sicherheit bringen konnte. Mich hat gewundert, dass man so eine Sprengung überleben kann, wenn man sich im Raum befindet. Dass man da nicht durch die Druckwelle oder so einfach zerfetzt wird.

**Wolf Haas**  Das hätte ich auch gedacht. Ist aber nicht so! Das ist bei professionellen Sprengungen, also etwa im Tunnelbau, auch so, dass die Sprengmeister sich oft im Inneren des Tunnels befinden. Das kann man im Prinzip schon so machen.

**Literaturbeilage**  Aber die haben etwas bessere technische Voraussetzungen.

**Wolf Haas**  Allerdings! Er konnte überhaupt nicht damit rechnen, dass er da mit heiler Haut davonkommt.

**Literaturbeilage**  Er wusste ja auch genau, dass er nach der Sprengung endgültig verschüttet sein würde.

**Wolf Haas**  Anders war das unmöglich! Seine einzige Hoffnung war, dass das Schmugglerlager durch die Sprengung ausreichend beschädigt wird, also von außen sichtbar, dass da irgendein Riss in der Oberfläche oder was entsteht, damit endlich jemand auf die Idee kommt, nach ihm zu suchen. Dass gleichzeitig aber er selbst hinter diesem Felsvorsprung nur so wenig Schaden nimmt, dass er noch lebend geborgen wird. Darum war es ja auch so wichtig, wie er die Sprengladung dosiert.

**Literaturbeilage**  Zu wenig und zu viel –

**Wolf Haas**  Genau – ist des Narren Ziel. Woher kennen Sie das?

**Literaturbeilage**  Na, aus Ihrem Buch.

**Wolf Haas**  Ach so, ich hab geglaubt, das hab ich gestrichen.

**Literaturbeilage**  Es sind später ja auch Stimmen laut geworden, es hätte sich um einen Selbstmordversuch gehandelt. Kowalski hätte eigentlich nur sein Leiden da unten beenden wollen.

**Wolf Haas**  Das hat ihn wahnsinnig geärgert. Irgendeine Lokalzeitung hat das geschrieben. Ist ja wirklich eine Frechheit. Ich glaube, es hat ihn nicht nur menschlich verletzt, weil man sich einen Selbstmordversuch nicht so ohne Weiteres nachsagen lässt. Es hat auch seinen Ingenieursstolz etwas gekränkt.

**Literaturbeilage** Gegen solche Gerüchte ist man machtlos.

**Wolf Haas** Für mich war's natürlich ein Glück. Ich glaube kaum, dass er sonst mir gegenüber so offen gewesen wäre, wenn er nicht selbst Interesse gehabt hätte, dass alles wahrheitsgemäß dargestellt wird.

**Literaturbeilage** Obwohl man ja sagen muss, dass man auch beim Lesen das Gefühl hat, dass er fast mit einer selbstmörderischen Konsequenz vorgeht.

**Wolf Haas** Ja, es war schon eine Harakiri-Aktion. 47 Minuten vor Annis Hochzeit hat er die Zündkapsel einer Handgranate freigelegt.

**Literaturbeilage** Im Buch heißt es: „Ich entfernte die Sprengladung, wie ein Koch die ungenießbaren Teile einer Frucht entfernt."

**Wolf Haas** Dann hat er diesen Zünder an das offene Bodenende der ersten Tellermine gelegt.

**Literaturbeilage** Dieser Vergleich mit einer Frucht, die er entkernt, klingt ja ürgendwie fast sinnlich.

**Wolf Haas** Ohne eine gewisse sinnliche Lust am Schrauben und Auseinanderbauen geht so eine Operation auf jeden Fall schief.

**Literaturbeilage** Es hat ja fast etwas Tranceartiges, wie Sie das zügige Hantieren mit den hochexplosiven Stoffen schildern. Sie schreiben, dass er dabei die ganze Zeit an das Wetter dachte.

**Wolf Haas** Ich glaube, das hat ihm die entscheidende Ruhe und Sicherheit gegeben.

**Literaturbeilage** Sie schreiben sogar, dass ihn dieser Gedanke an die Tropopause, also an diesen Deckel, den die Stratosphäre auf die Troposphäre hält, dazu veranlasste, noch eine vierte Tellermine zu verdämmen. Von diesem Phänomen ist er ja richtig besessen. Er erwähnt es immer wieder!

**Wolf Haas**  In dieser Situation hatte er allerdings einen guten Grund. Weil eben nur die extreme Aufwindenergie, wie sie schwere Vulkanausbrüche erzeugen, den Deckel heben und die Wolken in die Stratosphäre hinaufdrücken kann. Oberflächlich dachte er an die Tropopause, aber in Wahrheit war er gerade dabei, die richtige Dosierung zu entscheiden! Das ist wie beim Schreiben. Da denkt man auch immer an was anderes als an das, an das man gerade denkt.

**Literaturbeilage**  Oder wie beim Autofahren, wenn man träumt, statt die Schilder zu lesen.

**Wolf Haas**  Genau! Zu dem Zeitpunkt wäre ich schon längst in Farmach gewesen, wenn ich nicht die Wegweiser übersehen hätte vor lauter Nachdenken, wie ich den Kowalski am besten ansprechen soll. Ich hab ja geglaubt, ich finde ihn im Hotel. Und der Erstkontakt ist natürlich wahnsinnig wichtig, damit jemand nicht von vornherein nur abblockt.

**Literaturbeilage**  Letzten Endes war es aber egal, dass Sie zu spät gekommen sind.

**Wolf Haas**  Bei mir ist es nicht darauf angekommen. Bei ihm schon, da ist es jetzt um Sekunden gegangen. Und um die exakte Dosierung. Er hat gerade über Leben und Tod entschieden, während er mit den Gedanken scheinbar beim Wetter war.

**Literaturbeilage**  Die Ladung musste groß genug sein, dass sich der Deckel über ihm hob.

**Wolf Haas**  Explodiert die Bombe, ohne dass sie den Erddeckel hebt, ist er auf jeden Fall verloren. Aber gleichzeitig durfte die Sprengladung nicht so groß sein, dass er kilometertief verschüttet wird, also dass er schlicht und einfach erdrückt wird.

**Literaturbeilage** Dazu kam noch sein Problem, dass die fünf Sekunden des Zeitzünders nicht reichten, um sich in Sicherheit zu bringen.

**Wolf Haas** Vier Minuten vor Beginn der Hochzeitsmesse begann er deshalb, den Pulli aufzutrennen.

**Literaturbeilage** Den Pulli, den Anni ihm vor fünfzehn Jahren gestrickt hatte. Den er ja auch bei Gottschalk unter dem Sakko getragen hat.

**Wolf Haas** Er hat den einfach gern getragen. So ein dünner Unterziehpulli.

**Literaturbeilage** Ohne den er sich nicht richtig angezogen fühlte.

**Wolf Haas** Jetzt hat ihm dieser Tick das Leben gerettet.

**Literaturbeilage** Das macht einen beim Lesen ja halb wahnsinnig! Die Hochzeit hat inzwischen angefangen, während er immer noch in aller Ruhe den Pulli auftrennt, um aus der Wolle seinen Fernzünder zu flechten.

**Wolf Haas** Wenn ich das geahnt hätte, wäre ich bestimmt auch nicht so ruhig bei Frau Bachl gestanden.

**Literaturbeilage** Für ihn war es eine Katastrophe, dass er den Sprengsatz nicht vor dem Beginn der Hochzeitsmesse fertig hatte.

**Wolf Haas** Gottseidank ist ihm dann noch bewusst geworden, dass für ihn nicht der Beginn entscheidend war, sondern der Moment des Jaworts. Jetzt erwies es sich doch noch als Glück, dass Anni ihn so penetrant in die Einzelheiten der bevorstehenden Hochzeitszeremonie eingeweiht hat. Er wusste, er hat noch fast eine halbe Stunde. Sonst hätte er es womöglich auf Teufel komm raus ohne Fernzündung riskiert. Und so hat er sich noch die Zeit genommen. Er war aber jetzt schon extrem nervös und hat sich immer wieder mit dem Faden verheddert.

**Literaturbeilage** Erst zwanzig Minuten vor dem Jawort fing er mit dem Klettern an.

**Wolf Haas**  Jetzt ist es nur noch auf seine Kletterleistung angekommen.

**Literaturbeilage**  Also genau auf das, was er an seinem Vater immer abgelehnt hat.

**Wolf Haas**  Dass sein Vater mit dem Bonati rivalisiert hat, war ihm peinlich. Nur in seiner Situation hat er jetzt wirklich keine Wahl gehabt. Wenn er den selbstgebauten Sprengsatz nicht so hoch oben wie möglich platziert, also in dem Erdspalt Richtung Ausgang, hat er keine Chance, dass sich da oben irgendwas in die richtige Richtung bewegt.

**Literaturbeilage**  Hier haben Sie ja wieder einmal Gelegenheit, Ihrem Hang zum Zählen nachzukommen.

**Wolf Haas**  Wieso? Weil er fünfzehn Minuten vor dem Jawort noch nicht einmal die Hälfte der Kletterstrecke überwunden hat?

**Literaturbeilage**  Nein, das meine ich gar nicht. Sondern Ihre exzessive Erklärung der Klettergrade. An der Stelle, wo man als Leser schon tausend Tode stirbt und nur noch wissen will, ob er es rechtzeitig schafft oder nicht, machen Sie eine riesenhafte Abschweifung zu der klettertechnischen Entwicklung seines Vaters. Wie er sich langsam entwickelte vom ersten Schwierigkeitsgrad zum zweiten Schwierigkeitsgrad, vom zweiten zum dritten. Er klettert einen Einser, er klettert einen Zweier, er klettert einen Dreier, er klettert einen Vierer.

**Wolf Haas**  Wer?

**Literaturbeilage**  Na sein Vater, den der unbändige Ehrgeiz treibt, irgendwann mal einen Überhang zu klettern.

**Wolf Haas**  *(lacht)* Von einem Überhang konnte der aber nur träumen!

**Literaturbeilage**  Aber sein Sohn ist jetzt in einen Überhang geklettert.

**Wolf Haas** Von unten hat er noch geglaubt, er kann den Überhang vermeiden. Er kriegt den Sprengsatz auch so in den Spalt rein, wenn er nur die Wand hinaufklettert. Also die Wand war nicht so schwierig, die war nicht viel mehr als ein Vierer, stellenweise vielleicht ein Fünfer.

**Literaturbeilage** Aber oben hat er erkannt, er kommt nicht nahe genug ran. Er kann die entscheidende Erdspalte nur erreichen, wenn er wenigstens ein paar Meter in den Überhang klettert.

**Wolf Haas** Mich hat einfach die unglaubliche körperliche Leistung fasziniert, zu der ein Mensch fähig ist, der sich in Lebensgefahr befindet.

**Literaturbeilage** Er war ja kein trainierter Kletterer.

**Wolf Haas** Überhaupt nicht! Der hatte vom Klettern keine Ahnung. Der war als Kind zum Leidwesen seines Vaters ein absoluter Kletterverweigerer. Auch sonst war der nicht trainiert. Wo man sagen könnte, der war einfach so stark, weil er täglich im Fitnesscenter trainiert hat. Klimmzüge und so. Nichts! Da war Riemer noch trainierter. Der geht wenigstens zweimal die Woche ins neue *Trainsporting* in der Bochumer Straße. Aber Vittorio Kowalski, der ist ungefähr so sportlich wie ich! Also eigentlich unglaublich, wie der überhaupt die Wand hochgekommen ist.

**Literaturbeilage** Er war ja auch schon seit Tagen ohne Essen eingesperrt. Musste also doch extrem geschwächt sein!

**Wolf Haas** Ja, das kommt noch dazu. In dem Zustand klettert der, die Lampe am Kopf, den Sprengsatz am Gürtel wie seine Vorfahren den Filterselbstretter, die Wand hoch.

**Literaturbeilage** Das hat ja fast was von Spiderman.

**Wolf Haas** Das lässt sich schon alles noch irgendwie

mit der Energie erklären, die aus der Todesangst kommt. Also die Wand. Aber dann der Überhang! Das ist für mich immer noch unerklärlich. Sieben Minuten vor dem Jawort klettert der in den Überhang hinein!

**Literaturbeilage** Sechs Minuten vor dem Jawort erinnert er sich an den Streit zwischen seinem Vater und Herrn Bonati, ob beim Überhangklettern die Kraft oder die Technik das Entscheidende sei.

**Wolf Haas** Das war eigentlich mehr die Diskussion seines Vaters. Der hat eben gern theoretisiert über die neuesten Entwicklungen, die neueste Ausrüstung, die neueste Klettertechnik. Und der Bonati hat nur herablassend gesagt: „Wenn der Herr Schmeuz nit wü, nutzt des goa nix."

**Literaturbeilage** Wie bitte?

**Wolf Haas** Ohne Schmalz geht gar nichts. „Schmalz" ist Kraft.

**Literaturbeilage** Jaja, so steht's ja auch im Buch. Ohne Schmalz geht gar nichts. Aber eben haben Sie das anders gesagt. Der Herr Schmalz?

**Wolf Haas** Ach. So hat er das eben manchmal gesagt. Sinnlospoesie sozusagen. Eine Paraphrase auf ein volkstümliches Lied. „Wenn der Herrgott nicht will, nützt das gar nichts", so geht das Lied. Das ist so eine Wienerlied-Schnulze. Und der Bonati hat eben, um die blasse Theorie seines Sommergastes Kowalski zu verspotten, aus dem „Herrgott" in einer kreativen Anwandlung den „Herrn Schmalz" gemacht.

**Literaturbeilage** Ohne den gar nichts geht. Verstehe. Der Bizeps als Herrgott.

**Wolf Haas** Bizeps als Herrgott – klingt schön lächerlich, aber in der Situation, in der Vittorio sich befand, war es ziemlich zutreffend.

**Literaturbeilage** Außer er hat's doch mit der Technik geschafft!

**Wolf Haas** Das wird man nie erfahren.

**Literaturbeilage** Hinter dieser Debatte der beiden Väter steckte im Grunde ein Theorie-Praxis-Problem.

**Wolf Haas** Die Technik-Schmalz-Debatte. Erinnert hat Vittorio sich an die Debatte zwar schon früher. Aber sechs Minuten vor dem Jawort hatte er plötzlich dieses Gefühl, dass ihm die beiden helfen. Also schon so ein Eso-Gefühl irgendwie, der Vater hilft ihm aus dem Grab heraus mit der Technik und Herr Bonati mit der Kraft sozusagen.

**Literaturbeilage** Das ist natürlich auch eine sehr versöhnliche Vorstellung ürgendwie. Wenn Herr Bonati ihm hilft, dann hat er ihm ja wohl auch vergeben. Und fünf Minuten vor dem Jawort macht Vittorio dann auch den entscheidenden Klimmzug.

**Wolf Haas** Ich hoffe, das liest sich nicht so dramatisch. Entscheidende Klimmzüge und so. Im Grunde war das nur ein zentimeterweises Vorrücken. Da ist in Wahrheit jeder Zentimeter entscheidend, also in dem Sinn, dass man nicht daneben greifen darf oder so, oder dass einen die Kraft nicht verlassen darf.

**Literaturbeilage** Mich hat am meisten beeindruckt, wie Sie die psychische Belastung beschrieben haben. Das hat mich an die Gefahr des Tiefenrauschs beim Tauchen erinnert.

**Wolf Haas** Tauchen tu ich nicht. Ich hab als Kind eine schwere Mittelohrentzündung gehabt.

**Literaturbeilage** Mittelohr, liegt da nicht auch ürgendwie der Gleichgewichtssinn?

**Wolf Haas** Der Gleichgewichtssinn ist aber in Ordnung bei mir. Hören tu ich auch normal. Nur tauchen soll ich nicht.

**Literaturbeilage** Jedenfalls schreiben Sie, die größte Gefahr beim Überhangklettern liege nicht darin, dass einen die Kraft verlässt, sondern, Moment, hier steht: „Das Gefährliche beim Überhangklettern ist nicht, dass einen die Kraft in den Fingern verlässt. Die größte Gefahr liegt nicht in erlahmenden Armen, zitternden Knien, unerträglichen Wadenkrämpfen oder absterbenden Zehen. Das Gefährliche im Überhang ist, dass man anfängt, oben und unten zu verwechseln." Stimmt das würklich so?

**Wolf Haas** Für einen Moment erliegt man dem trügerischen Gefühl der Schwerelosigkeit. Und wie ein Autofahrer, der auf der Überholspur bei Tempo zweihundert kurz das Lenkrad loslässt, spürt der Überhangkletterer die Verlockung, kurz die Hände vom Fels zu nehmen.

**Literaturbeilage** Wie Sie das schildern, dieses Überwinden der Schwerkraft, das hat ja in dem Moment was von einer Elevation.

**Wolf Haas** Einer was?

**Literaturbeilage** Einer mystischen Erhebung. Wie die Elevationen der großen Mystiker.

**Wolf Haas** Nein. Ja. Also wie soll ich sagen. Das klingt mir zu großspurig. Sie immer mit Ihren Mystikern! Aber sagen wir einmal so. Ein bisschen hab ich das schon gebraucht, dass ich ihn da raushebe sozusagen. Aus der Welt der Schwerkraft. Aber das war nicht, weil ich das Überhangklettern mystifizieren wollte. Sondern weil ich die Erzählperspektive wechseln musste.

**Literaturbeilage** Weil Sie dann plötzlich unten bei der Hochzeit sind.

**Wolf Haas** Aber eben nicht plötzlich! Sondern sondern sondern –

**Literaturbeilage** – unmerklich.

**Wolf Haas** Eben, das war ja ein wahnsinniges Problem für mich. Das ganze Buch wird aus seiner subjektiven

Sicht erzählt. Aber die Explosion wollte ich unbedingt von außen sehen.

**Literaturbeilage** Sie wollten es aus Ihrer Perspektive schildern.

**Wolf Haas** Wo ich doch endlich hingefunden habe! Aber einmaliger Perspektivenwechsel, das ist ein aufgelegter Schwindel, so was geht nicht.

**Literaturbeilage** Das ist, wie wenn Hemingway beschreibt, wie sich der angeschossene Löwe fühlt.

**Wolf Haas** Darum hab ich ihn da eben ein bisschen über die Dinge klettern lassen. Wo er sich mit jedem Klimmzug sozusagen aus seiner Realität hinaus und in das feierliche Licht der Hochzeitszeremonie hineinhievt.

**Literaturbeilage** Und er zählt auch wieder die Minuten runter. Das kriegt ja an dieser Stelle auch etwas fast Mantrahaftes.

**Wolf Haas** All die vorherigen Countdowns, wie er sich auf der Autobahn der Grenze nähert, die dann wegen der EU nicht mehr da ist, wie das Gewitter heranrückt und die lineare Entwicklung überspringt, das hab ich alles nur gebraucht, um dieses Zählen vorzubereiten. Eigentlich schreibt man ja ein ganzes Buch nur, um eine einzige unglaubwürdige Stelle so gut vorzubereiten, dass der Leser sie frisst sozusagen.

**Literaturbeilage** Diese Formulierung verwenden Sie öfter. Dass der Leser etwas fressen soll. Das klingt ürgendwie nicht sehr freundlich.

**Wolf Haas** Wie er da in den Überhang hineinklettert, das ist an und für sich schon kaum glaubwürdig erzählbar.

**Literaturbeilage** Also ich hab's gefressen.

**Wolf Haas** Und dass die Geschichte dann bei der Hochzeit unten herauskommt, das wäre ohne das Zählen unmöglich gewesen. Aber so konnte ich ihn eben langsam hinausheben sozusagen: Noch sieben Minuten bis zum Jawort, während der Pfarrer zu den Gläubigen dies und das sagt, noch sechs Minuten bis zum Jawort, als die Gläubigen sich aus ihrer knienden Position erheben, noch fünf Minuten bis zum Jawort, während Anni –

**Literaturbeilage** Da glaubt man am Anfang ja noch, er stellt es sich jetzt nur so vor.

**Wolf Haas** Genau. Aber Satz für Satz hab ich ihn eben als Erzähler in die leuchtende Kirche hinuntergekriegt. Während er real immer noch Millimeter für Millimeter durch die Dunkelheit geklettert ist.

**Literaturbeilage** Das Entscheidende ist doch, dass sich hier die Sichtweise Ihres Erzählers erstmals mit Ihrer persönlichen Perspektive deckt.

**Wolf Haas** Für mich war einfach das Problem, wie komme ich mit einem eingesperrten Ich-Erzähler erzählerisch nach draußen, während er noch drinnen ist. Wie hängt die Erzählung ihren Erzähler ab sozusagen, wie im Film eine vorauseilende Tonspur oder so, welche Drogen muss ich ihm da verabreichen.

**Literaturbeilage** Sie hätten es sich auch einfach machen und das Ganze in so einer Art Filmschnitttechnik erzählen können, abwechselnd aus seiner und aus Annis Warte.

**Wolf Haas** Ja sicher, man kann sich's auch so leicht machen und das Buch gar nicht schreiben!

**Literaturbeilage** Die Leichtigkeit, die Sie sich nicht gestatten, wird Ihrem Helden im Übermaß zuteil. Sie erklären das mit einer Art paradoxen Erdanziehung: „Je näher ich dem Erdboden über mir kam, umso stärker wurde seine Anziehung. Zentimeter für Zentimeter kletterte ich in einen schwerelosen Zustand hinein, und –"

**Wolf Haas** In Wirklichkeit haben ihm natürlich schon die Finger geblutet. Das ist klar. Aber das konnte ich nicht schreiben, weil die Geschichte ja gerade in die Kirche verlagert werden soll, und da wollte ich verhindern, dass es zu sehr in Richtung Martyrium geht. Darum hab ich das Klettern ein bisschen schwereloser geschildert, als es war. Und die abgerissene Zehe hab ich überhaupt unerwähnt gelassen.

**Literaturbeilage** Ach ne, das ist Ihnen bestimmt schwer gefallen.

**Wolf Haas** Ja, das ist mein erstes Buch, in dem niemandem was amputiert wird.

**Literaturbeilage** Also im Buch schildern Sie das würklich komplett anders! „Ich erhob mich, als würde die Schwerkraft mich nach oben heben, während der Pfarrer das Brautpaar aufforderte, sich zu erheben. Ich hörte die Brautmutter schluchzen, ich hörte die Orgel spielen, ich hörte Frau Bachl weinen, ich hörte die Kürchgänger husten, ich hörte die Aufforderung des Pfarrers, die versammelten Gläubigen mögen es dem Brautpaar gleichtun und sich zum feierlichen Jawort erheben, und ich hörte die knarrenden Betstühle unter den tauben, mit letzter Kraft sich erhebenden Körpern ächzen. Ich spürte meine Knie nicht mehr, so lange hatte ich reglos in der Kürchenbank gekauert. Aber ich schaffte es, mich auf Geheiß des Pfarrers ein, zwei Zentimeter hochzuziehen."

**Wolf Haas** Ja, hui. Endlich war ich mit der Geschichte in der Kirche unten.

**Literaturbeilage** Drei Minuten vor dem Jawort. Während Ihr Held immer noch wie eine Fledermaus im Überhang hing.

**Wolf Haas** „Wie eine Fledermaus" hab ich aber nirgends geschrieben.

**Literaturbeilage** Das Bild hat sich mir einfach aufgedrängt. Auch weil Sie das wunderschöne Kerzenlicht in der Kürche so betonen, während Kowalski in der Dunkelheit festsitzt.

**Wolf Haas** Aber nicht mehr lange.

**Literaturbeilage** Hier gerät Ihre Erzählung ja für einen Moment nicht nur räumlich, sondern auch zeitlich aus den Fugen. Indem Sie darauf verweisen, dass an der Stelle, wo jetzt das Brautpaar steht, in drei Tagen ein Sarg stehen wird.

**Wolf Haas** Ja gut, das ist eigentlich eine normale Vorausdeutung. Wie er es sonst auch manchmal macht. Das ist in dem Sinn kein Perspektivenwechsel. Er sagt ja nur, jener Tote, für den drei Tage später dieselben Kirchenglocken läuten sollten, war nicht –

**Literaturbeilage** – und für den drei Tage später dieselben Leute dasselbe Sonntagsgewand anzogen –

**Wolf Haas** Genau – und dessen blumengeschmückter Sarg an derselben Stelle im Zentrum des Altarraumes stand –

**Literaturbeilage** – an derselben Stelle, wo jetzt das Brautpaar sich zum allseits erwarteten Eheringtausch erhob –

**Wolf Haas** – jener Tote war nicht er.

**Literaturbeilage** Er sagt: „Jener Tote, den drei Tage später derselbe Dorfpfarrer für immer verabschiedete, der jetzt Anni und Lukki aufforderte, sich zu erheben, um mit einem Kuss den Bund des Lebens zu besiegeln, jener Tote war nicht ich."

**Wolf Haas** Mehr sagt er ja nicht.

**Literaturbeilage** An der Stelle ist man beim Lesen ja fast verärgert, dass Sie die Hochzeitsgesellschaft so ausführlich beschreiben. Ausgerechnet hier, wo man nur noch wissen will, ob und wie Vittorio Kowalski rauskommt, verkünsteln Sie sich in einer Beschreibung von Annis Hochzeitskleid. Beim ersten Vorführen des Kleides vor drei Tagen habe Anni die Farbe als „Vanille" bezeichnet.

**Wolf Haas** Vor drei Tagen und sieben Stunden, ja.

**Literaturbeilage** Und jetzt heißt es, Vanille sei das keinesfalls. Es folgen einige Abschweifungen zum Vanilleis im Waldbad, sogar der damalige Preis für eine Kugel Vanilleeis wird genannt.

**Wolf Haas** Ja, eine Kugel ein Schilling. Ganz früher. Ich persönlich kann mich sogar noch an fünfzig Groschen erinnern. Das dürfen Sie aber nicht schreiben, das macht mich alt.

**Literaturbeilage** Und der Erzähler, der sich gerade in allerhöchster Lebensgefahr befindet, schränkt auch noch ein, es sei ihm durchaus klar, dass mit der Farbbezeichnung „Vanille" nicht die künstliche Farbe von Vanilleeis gemeint ist. Doch auch die Farbe von echter Vanille habe das Kleid im Kerzenlicht nicht mehr gehabt.

**Wolf Haas** Meine Mutter ist mir immer damit in den Ohren gelegen, dass man beim Kauf eines Kleidungsstücks unbedingt zur Tür gehen und es bei Tageslicht anschauen muss. Wegen der verfälschenden Wirkung des Kunstlichts.

**Literaturbeilage** Ach, Ihre Mutter war das? Im Buch legen Sie das ja Vittorios Mutter in den Mund.

**Wolf Haas** Das ist doch egal, alle Mütter dieser Welt haben das gepredigt. Immer zur Tür gehen! Zum Tageslicht! Bloß nichts bei Kunstlicht beurteilen!

**Literaturbeilage** Während Annis Brautkleid in der wundersamsten Lichtstimmung leuchtet, wird Vittorios Kopflampe in der Finsternis des Schmugglerlagers, durch die er sich millimeterweise vorwärts schiebt, immer schwächer.

**Wolf Haas** Das schöne Licht, das durch die bunten Kirchenfenster hereinsickert, ist ja auch ein erster Hinweis, dass während der Messe die Sonne herausgekommen ist.

**Literaturbeilage** Das versteht man aber an der Stelle noch nicht. Man ist so sehr in der Kürche, dass man nicht auch noch an das Wetter draußen denkt.

**Wolf Haas** Nein, verstehen soll man's natürlich erst nachher. Es ist hier nur so eine Art Vorbereitung. In erster Linie wollte ich es einfach auskosten, weil es wirklich ein unglaublich schönes Licht war.

**Literaturbeilage** Sie schreiben, Vittorios Mutter, also wohl Ihre Mutter, habe immer behauptet, in den Kleiderläden hätten sie ein spezielles Licht, in dem alles gut aussieht. Und dann heißt es weiter: „Doch auch in den Kürchen müssen sie so ein Licht haben."

**Wolf Haas** Das war wie in einem Tarkowski-Film oder so, die tausend Kerzenflämmchen, und Annis Kleid hat die Kerzenflammen reflektiert und den goldenen Barockaltar und die bunten Kirchenfenster und das Blumenmeer, in dem die Braut förmlich zu schwimmen schien, das hab ich mir ja so gar nicht zu schreiben getraut.

**Literaturbeilage** Sie sind begeistert.

**Wolf Haas** Wie meinen Sie das?

**Literaturbeilage** Diese Frau. Sie hätte Ihnen auch gefallen.

**Wolf Haas** Ich kann doch eine Braut nicht beschreiben, ohne mich beim Schreiben für sie zu begeistern. Ich hab ja auch schon Mörder beschrieben.

**Literaturbeilage** Sie schreiben: „Die Braut war von einem derartigen Glanz umstrahlt, dass es kaum möglich war, nicht die Hände für einen Moment von der Lehne der steinernen Kürchenbank vor mir zu nehmen, ganz kurz loszulassen, einen Augenblick nur, um vor Begeisterung in die schmerzenden Hände zu klatschen."

**Wolf Haas** Das mit den Händen ist aber gerade nicht meine Perspektive! Das ist als letzter Ich-Rest, wenn man so will, noch vom Kowalski aus gesehen, der immer noch im Überhang hängt. Das ist ja der Witz an der Sache. Wenn er jetzt in seiner Begeisterung in die Hände klatscht, in seiner rauschhaften Leichtheit, ist er tot.

**Literaturbeilage** Weil er sich in Wahrheit nicht in die Kürchenbank krallt, sondern immer noch in den Fels.

**Wolf Haas** Darum ja auch „schmerzende" Hände.

**Literaturbeilage** Und „steinerne" Kürchenbank. Das ist schon klar. Diese Überblendungstechnik sozusagen, wo noch letzte Schatten von Kowalskis realer Situation durchscheinen. Trotzdem. Der Blick auf Anni und ihren Bräutigam ist der Blick aus der hintersten Kürchenbank. Haben Sie dort gesessen?

**Wolf Haas** Nein. Ich bin hinten gestanden. Wo eben die Leute stehen, die nicht so richtig dazugehören, in der Kirchentür sozusagen. Im Eingangsbereich, ich weiß nicht, wie man das nennt.

**Literaturbeilage** Sie beschreiben nicht nur die Lichtstimmung in der Kürche sehr ausführlich, sondern auch Annis Hochzeitsfrisur. Es heißt, von den Kürchenbänken aus betrachtet, seien die beiden Brautleute, die im Altarraum vor dem Pfarrer standen, beinahe gleich groß gewesen.

**Wolf Haas** Ja, und im Knien war Anni sogar größer! Wegen ihrer Hochzeitsfrisur. Die hochgesteckten Haare haben sie um einen Kopf größer gemacht. Und da waren so weiße Blüten in ihren kunstvoll aufgetürmten dunklen Haaren, weiße Orangenblüten, aber das hat von fern fast so ausgesehen, als wären das kleine Flämmchen oder Glühwürmchen, die ihren Kopf beleuchten.

**Literaturbeilage** Hat Sie das eigentlich geärgert, dass ein Kritiker etwas hämisch diesen Fehler aufdeckte, dass Anni in dem Kapitel, wo sie ihm das Kleid vorführt, von einem Hut spricht, der erst geliefert werden soll, und jetzt trägt sie offenbar keinen Hut, sondern eine Hochsteckfrisur?

**Wolf Haas** Nein. Es stimmt ja, dass es ein Fehler ist. So was passiert mir immer irgendwo.

**Literaturbeilage** Ich hab mir beim Lesen gedacht, sie hat sich's eben anders überlegt.

**Wolf Haas** Nein, das war schon mein Fehler. Ich hab geschrieben, der Hut wird erst geliefert, weil ich nicht schreiben wollte, was sie wirklich gesagt hat. Also dass der Strumpfgürtel erst geliefert wird.

**Literaturbeilage** Der schamhafte Autor.

**Wolf Haas** Und da hab ich eben übersehen, dass das mit dem Hut nicht zu ihrer Frisur passt.

**Literaturbeilage** Hut wäre bei der Frisur würklich schade gewesen. Das klingt ja zauberhaft, wie Sie schreiben: „Die Orangenblüten flackerten in ihrem Haar."

**Wolf Haas** Ja, und ihr Nacken war so zart, dass man sich gefragt hat, wie ihr Hals diese aufgetürmte Haar- und Blütenlast überhaupt tragen kann.

**Literaturbeilage** Das fand ich dann allerdings schon etwas *too much*, wie Sie diesen zarten Hals beschreiben.

**Wolf Haas** Das fanden Sie aber höchstens deshalb übertrieben, weil ich's untertrieben habe. Annis Hals ist ja wirklich – also, das musste ich ja sowieso reduzieren, da hab ich gestrichen und gestrichen, damit's nicht zu arg wirkt. Aber wenn man's reduziert, wirkt's dann oft erst recht wie schlecht erfunden.

**Literaturbeilage** Alte Bauernregel.

**Wolf Haas**  Genau. Und es war ja nicht nur ihr Hals. Ihr langes, gebauschtes Kleid ist so ins Blumenmeer eingesunken, dass man nicht anders konnte, als an einen zitronenfalterfarbenen Schwan zu denken.

**Literaturbeilage**  Na gut, das versteh ich, dass Sie wenigstens das „zitronenfalterfarben" weggelassen haben. Das wäre wohl doch etwas *over the top* gewesen.

**Wolf Haas**  Also mich hätte es wirklich nicht gewundert, wenn dieser Schwan, während der Pfarrer in seinem dicken Buch blätterte und blätterte, in aller Stille elegant davongeschwommen wäre. Davongetrieben, muss ich sagen. Man sieht Schwäne ja nicht richtig schwimmen, sie treiben so elegant über die Wasseroberfläche.

**Literaturbeilage**  Wie Luftmatratzen.

**Wolf Haas**  Eher wie Segelschiffe. Wie Segelschiffe in der Nacht. Oder wie Bräute im Blumenmeer.

**Literaturbeilage**  Nun wie auch immer. Anni trieb jedenfalls nicht über das Blütenmeer auf dem Kürchenboden davon, sie lauschte andächtig den Worten des Pfarrers, als der aus seinem großen goldenen Buch vorzulesen begann.

**Wolf Haas**  Der Pfarrer hat gelesen: „Wer etwas gegen diese Verbindung einzuwenden hat, der spreche jetzt, oder er schweige für immer."

**Literaturbeilage**  Korrigieren Sie mich, wenn ich da falsch informiert bin. Aber das gehört doch eigentlich nicht zum katholischen Hochzeitsritus in unseren Breiten. Das kennt man doch eher aus amerikanischen Filmen und so.

**Wolf Haas**  Ja eben. Er hat es auch nicht aus seinem goldenen Buch vorgelesen, sondern da hat er sich eigens ein Post-it mit dem ungewohnten Text hineingeklebt.

**Literaturbeilage**  Ach darum hat er so lange geblättert. Er hat das zitronenfalterfarbene Post-it gesucht.

**Wolf Haas**  Genau. Das schwere Buch hat das Post-it absorbiert sozusagen. Er hat es eine Ewigkeit nicht gefunden.

**Literaturbeilage**  Ein kleiner Kultur-Clash.

**Wolf Haas**  Anni hat das einfach – genau wie Sie und ich – aus tausend amerikanischen Filmen gekannt. Die hat das dem Pfarrer aufs Aug gedrückt, dass der das eben bei ihrer Hochzeit auch macht.

**Literaturbeilage**  Ein Glück für Vittorio. Sonst wäre ja schon längst alles zu spät gewesen.

**Wolf Haas**  Das war sein Glück. Ich bin bestimmt alles andere als esoterisch, also Telepathie und solche Sachen. Damit können Sie mich jagen. Aber dass der Pfarrer zuerst so lange geblättert und dann auch noch so lange gezögert hat –

**Literaturbeilage**  Sie sind in diesem Monat schon der Dritte, der zu mir den Satz sagt: „Ich bin bestimmt nicht esoterisch, aber."

**Wolf Haas**  Ja. So ist das mit den seltsamen Zufällen. Man hätte dann eben doch gern, dass irgendetwas Sinnhaftes oder Zeichenhaftes damit verbunden ist.

**Literaturbeilage**  Diesem langen Zögern des Pfarrers widmen Sie in Ihrem Buch ja mehrere Seiten.

**Wolf Haas**  Es war wirklich unerträglich. Ich bin selber ganz nervös geworden. Wahrscheinlich war es ja nur die übliche Pfarrer-Langsamkeit.

**Literaturbeilage**  Es liest sich fast so, als wollte er mit seinem langen Zögern erzwingen, dass jemand Einspruch erhebt.

**Wolf Haas**  Vielleicht hat er ja nur nicht weitergewusst. Weil es für ihn eine ungewohnte Passage war.

**Literaturbeilage**  In Ihrem Roman hat man eher das

Gefühl, er ahnt was. Oder er weiß vielleicht sogar, aus einer Beichte oder so, dass Anni den Falschen heiratet. Er stellt seine Frage und blickt viel zu lange in die Runde.

**Wolf Haas** Ja, der hat seinen Blick schweifen lassen, als müsste er jedem Einzelnen der Hochzeitsgäste prüfend in die Seele schauen.

**Literaturbeilage** Ich weiß nicht, ob ich Ihnen diese Frage stellen darf. Falls es zu persönlich ist, lassen wir sie weg.

**Wolf Haas** Fragen Sie einfach.

**Literaturbeilage** Beim zweiten Mal Lesen hat sich bei mir der Verdacht geregt, dass Sie genau an dieser Stelle die Kürche verlassen haben.

**Wolf Haas** Ich?

**Literaturbeilage** Nicht?

**Wolf Haas** Doch. Aber das war jetzt nicht wegen der Frage des Pfarrers. Ich hatte ja nichts gegen die Verbindung von Anni und Lukki einzuwenden.

**Literaturbeilage** Abgesehen davon, dass Männer grundsätzlich was dagegen haben, wenn eine attraktive Frau einen anderen heiratet.

**Wolf Haas** Hinten, wo ich gestanden bin, sind ja die Leute andauernd aus und ein gegangen, die Raucher, die Schwätzer und so weiter. Und mir ist einfach die unbehagliche Stimmung in der Kirche zu viel geworden, wie der Pfarrer da sagt: „Wer etwas gegen diese Verbindung hat, der spreche jetzt, oder er schweige für immer", und dann tut der nicht weiter. Ich finde so was unerträglich! Der schaut und schaut, da war ich bestimmt nicht der Einzige, der Beklemmungen gekriegt hat.

**Literaturbeilage** Ja.

**Wolf Haas** Aber wie haben Sie das erraten, dass ich da rausgegangen bin?

**Literaturbeilage** Das war nicht schwierig. Sie beschreiben die Szene genau in dieser Bewegung. *„Wer etwas gegen diese Verbindung einzuwenden hat,* sprach der Pfarrer so laut, dass es durch die ganze Kürche und noch auf den Vorplatz hinaus schallte."* Hier geht die Erzählung erstmals hinaus ins Freie.

**Wolf Haas** Stimmt. Wenn ich mit so genauen Lesern rechnen würde, könnte ich kein Wort mehr schreiben.

**Literaturbeilage** Na, so schwer war das nicht zu erraten. Sie beschreiben das ja sehr detailgenau. Was es da in diesem Portalbereich zu sehen gibt. Die zwei steinernen Heiligenfiguren links und rechts am Portal, hinter denen die Lautsprecher versteckt sind, die das Zeremoniell auch nach außen übertragen. Damit auch die vielen Zaungäste die in Ihrem Roman wieder und wieder gestellte Frage des Pfarrers hören.

**Wolf Haas** Aber das wird schon klar, dass er die Frage nur ein einziges Mal stellt.

**Literaturbeilage** Er stellt die Frage nur einmal. Aber der Text umkreist die einmalige Frage immer wieder von Neuem.

**Wolf Haas** Komisch, ich hab im Buch auch immer geschrieben, „die Frage" des Pfarrers. Und erst jetzt, wo Sie das sagen, fällt mir auf, dass es eigentlich keine Frage ist: „Wer etwas gegen diese Verbindung einzuwenden hat, der spreche jetzt, oder er schweige für immer" ist ja streng genommen keine Frage, sondern eher –

**Literaturbeilage** – eine Aufforderung.

**Wolf Haas** Ja, eine Mischung aus Aufforderung und Mahnung oder so. Eigentlich ist es ja mehr ein Schweigegebot. Wer jetzt nichts sagt, soll auch in Zukunft das Maul halten. Aber man empfindet's doch irgendwie als Frage: Ist zufällig jemand da, der was einzuwenden hat? Ich zumindest hab's in der Situation so empfunden. Also wirklich eine peinliche Frage einfach. Fast wie bei *Aktenzeichen XY*, wo man das Gefühl hat, man wird gefragt, verbirgt sich zufällig in deiner Familie oder in deinem Freundeskreis dieser flüchtige Massenmörder?

**Literaturbeilage** *Aktenzeichen XY* hat's Ihnen angetan.

**Wolf Haas** Es ist mir jetzt nur wegen der Strenge eingefallen. *Aktenzeichen XY* hat auch immer so eine Strenge gehabt. Also so einen stimmlichen Ernst sozusagen.

**Literaturbeilage** Was Inquisitorisches.

**Wolf Haas** Und die Stimme des Pfarrers hatte jetzt eben auch etwas Einschüchterndes. Und im Freien draußen hat es fast noch stärker gewirkt. Sie dürfen ja nicht vergessen, dass in dieser alpinen Region die Kirchen mitten im Friedhof stehen. Oder der Friedhof ist rund um die Kirche, je nach Standpunkt. Jedenfalls sind die Leute auf dem Friedhof draußen bei Hochzeiten fast in einer besseren Position. Auch für nachher, wenn dann das Brautpaar herauskommt, Reis streuen und so weiter.

**Literaturbeilage** So ähnlich wie die eingefleischten Stehplatzbesucher in der Oper.

**Wolf Haas** Die Leute drinnen in der Kirche sind fast die Abgeschobenen, die Vorhut, die ein bisschen weg vom Fenster ist. Am Friedhof draußen findet die Kommunikation statt. Und durch die Lautsprecher hört man den Pfarrer genauso gut wie drinnen. Höchstens ein bisschen hohl ist die Stimme hinter den Heiligenfiguren links und rechts vom Portal herausgekommen: *Wer etwas gegen die heilige Verbindung von Anni und Lukki einzuwenden hat, der spreche jetzt, oder er schweige für immer.*

**Literaturbeilage** Und natürlich schwiegen alle.

**Wolf Haas** Alle haben geschwiegen. Das Einzige, was man gehört hat, waren die Schluchzer aus den vorderen Bankreihen. Also Annis Mutter, die ja als Einzige der vier Eltern noch am Leben war, und die Tanten und Cousinen, die haben eben ein bisschen vor sich hin geschluchzt. Und weil die ganz vorne gesessen sind, hat sich das auch durchs Mikrofon nach draußen übertragen.

**Literaturbeilage** Bei Hochzeiten wird ja immer viel geweint. Manchmal hab ich den Eindruck, mehr als bei Begräbnissen.

**Wolf Haas** Wobei die Gründe nicht immer ganz klar sind. Wahrscheinlich eine Mischung von Gründen. Darum nennt man's auch „Rührung".

**Literaturbeilage** Kalauerfreie Zone. Im Buch schreiben Sie allerdings schon: „Vielleicht galt die eine oder andere der vergossenen Tränen auch der Tatsache, dass Anni dabei war, den falschen Mann zu heiraten."

**Wolf Haas** Ja. Ich glaub allerdings, das ist mehr Wunschdenken des Autors. Dass der Wettkandidat Kowalski da seine heimlichen Sympathisanten gehabt hätte oder so. Die Wahrheit liegt sicher näher bei Ihrer lakonischen Bemerkung: Es wird einfach immer viel geweint bei Hochzeiten.

**Literaturbeilage** Und den falschen Mann heiratet man auch immer.

**Wolf Haas** *(lacht)* Das haben Sie gesagt!

**Literaturbeilage** Am meisten hätte mich ja interessiert, was Anni selbst in diesem Moment über ihre Entscheidung dachte. Sie erzählt Vittorio zwar schon am ersten Tag im Hotel Schwalbenwandblick, dass sie sich in den Schlaf geweint habe, nachdem sie ihn im Fernsehen gesehen hat. Aber nach dieser Nacht scheint sie sich doch entschieden zu haben. Siehe Kleidvorführung.

**Wolf Haas** „Kleidvorführung" ist schön. Da bleibt offen, wer vorgeführt wurde. Das Kleid oder Vittorio.

**Literaturbeilage** Das Thema hatten wir schon. Wie Anni sich bei der Hochzeit selbst fühlte, das wird ürgendwie nicht ganz klar. Sie schreiben, es sei nicht ganz sicher gewesen, ob auch die Braut weinte.

**Wolf Haas** Man hat sie ja nur von hinten gesehen. Eigentlich bin ich genau an der Stelle aus der Kirche hinaus. Als ihre Schultern zu beben anfingen. Da bin ich hinaus.

**Literaturbeilage** Sie können eine Frau nicht weinen sehen.

**Wolf Haas** Haha. Ich gebe ja zu, dass da eine gewisse Romantik mitschwingt, also der Wunsch, dass jemand, wenn es schon sein muss, aus Verliebtheit heiratet. Und dass die Braut nicht denkt, was soll's, es ist sowieso der Falsche, wie Sie das gerade so schön gesagt haben, Hauptsache, er hat ein Hotel, und so weiter.

**Literaturbeilage** Das ist Ihnen zu unromantisch.

**Wolf Haas** Also ein Liebesroman ist einfach schwer zu schreiben, wenn man den Personen nicht eine gewisse Romantik lässt.

**Literaturbeilage** Frauen müssen weinen, damit's romantisch ist?

**Wolf Haas** Ich bin mir ja bis heute noch nicht sicher, ob Anni überhaupt geweint hat.

**Literaturbeilage** Sie schreiben, außer dem Schluchzen aus den vordersten Bankreihen hörte man nichts, während der Pfarrer eine Ewigkeit lang sein Schweigen über den Hochzeitsgästen lasten ließ.

**Wolf Haas** Na ja, draußen war natürlich alles Mögliche zu hören. In der Ferne vorbeifahrende Autos, Fahrradklingeln, Vögel und so weiter. Aber – mir geht es da ja nicht um eine realistische Tonkulisse oder so. Also das wird immer gleich so impressionistisch, wenn man da Hundegebell oder brummende Flugzeuge erwähnt. Mir ging es an der Stelle einfach um das Schweigen der Leute auf die Frage des Pfarrers.

**Literaturbeilage** Auf die Frage, die keine Frage war.

**Wolf Haas** Keiner hat den Mund aufgemacht. Niemand sagt: Aber die Anni liebt doch einen anderen, oder irgend so was. Nur Schweigen eben.

**Literaturbeilage** Und Räuspern.

**Wolf Haas** Das Räuspern war gar nicht so arg. Das hab ich ein bisschen übertrieben. Ich liebe ja das Räuspern, also wenn in so einem Raum, wo viele Leute drin sind, das Räuspern losgeht. Das Ansteckende und so. Also dieses Vorstadium von Sprache sozusagen, diese halb körperliche, halb aber doch schon bedeutungsvolle Äußerung.

**Literaturbeilage** Es heißt: „Das Einzige, was man als Antwort auf die Frage des Pfarrers hörte, war ein zuerst nur vereinzeltes, dann aber doch häufiger und lauter werdendes Räuspern. Aber keineswegs ein Räuspern, wie es einem schwer zu unterdrückenden Einwand entspringt, oder gar ein Räuspern, das den Auftakt zu einer öffentlichen Wortmeldung vor der schweigenden Gemeinde bildet, sondern nur das betretene Räuspern, das einer Menschengruppe entschlüpft, die mit einem stillen Moment überfordert wird."

**Wolf Haas** Ja, genau so war es.

**Literaturbeilage** Übertrug sich das Räuspern eigentlich auch nach draußen auf den Friedhof?

**Wolf Haas** Teilweise schon. Ich glaub, Räuspern und Hüsteln hat auch so eine Frequenz, die sich besonders gut überträgt. Man hört das ja auch am Handy oft überdeutlich, wenn sich jemand in der Nähe räuspert oder so.

**Literaturbeilage** Das kann ich eigentlich nicht bestätigen. Bei meinem Handy sind die lautesten Hintergrundgeräusche vor allem Kindergeschrei und so schrille Sachen.

**Wolf Haas** Ja stimmt eigentlich. Wahrscheinlich war es mehr spürbar als hörbar.

**Literaturbeilage** Sie haben meine Frage allerdings missverstanden. Ich meinte nicht, ob die Tonanlage das Räuspern nach draußen übertrug. Sondern ob sich die Ansteckung übertrug, ob sich auch die Leute auf dem Friedhof räusperten.

**Wolf Haas** Ach so. Nein! Im Freien räuspert man sich nicht. Am Friedhof draußen war der Effekt des priesterlichen Zögerns eher umgekehrt. Da sind die Leute jetzt erst still geworden. Draußen ist ja vorher die ganze Zeit geschwätzt worden.

**Literaturbeilage** Darum bleibt man ja draußen.

**Wolf Haas** Genau. Aber jetzt, nach der peinlichen Frage des Pfarrers, oder nach dieser Aufforderung, die man aber doch als peinliche Frage empfunden hat, ist es eben auch am Friedhof draußen still geworden.

**Literaturbeilage** Das sind wohl vor allem die Männer, die draußen bleiben und ihre Frauen und Betschwestern in die Kürche schicken.

**Wolf Haas** Traditionell vor allem die Männer, klar. Die haben es in den Dörfern immer schon vorgezogen, der Messe im Freien, als Zigaretten rauchende Randerscheinungen, beizuwohnen. Also ohne die strenge Überwachung durch Pfarrer, Frauen und Gott. Ich glaube, da sind früher auch viele Geschäfte gemacht worden, und heute wahrscheinlich auch noch.

**Literaturbeilage** So wie in der Stadt die Geschäftsmänner vielleicht Golf spielen gehen, damit sie im Clublokal –

**Wolf Haas** Genau! Weil man diese halboffizielle Stimmung am Friedhof sehr gut für alles Mögliche nutzen kann. Also alles bunt gemischt, ein paar Zigaretten rauchen, eine Kuh verkaufen oder ein Auto, einen Witz erzählen, einen Freund verraten, einen Urlaubstipp geben.

**Literaturbeilage** Oder zumindest eine kleine Anzüglichkeit über die Braut austauschen. Das schildern Sie ja auch mit unverkennbarem Vergnügen.

**Wolf Haas** Aber das war nur vorher. Vor der Frage des Pfarrers. Da sind natürlich schon ein paar Bemerkungen gefallen, das ist klar. Durch die Aufforderung des Pfarrers, jetzt zu sprechen, sind sie verstummt! Da ist es auf einmal ganz still geworden auf dem Friedhof, und die Männer haben wie olympische Synchronraucher Zuflucht bei einem kollektiven Lungenzug genommen.

**Literaturbeilage** Man kriegt die Wucht der Explosion ja eigentlich vor allem indirekt mit. Zuerst versteht man beim Lesen gar nicht richtig, was passiert ist. Man erfährt es eigentlich nur über diesen kollektiven Lungenzug, also über das plötzliche Innehalten der Synchronraucher mitten im Lungenzug. Über diese plötzliche Versteinerung der Männer. Als würde vor Schreck der Rauch in ihren Atemwegen gefrieren.

**Wolf Haas** Den Knall erwähne ich schon!

**Literaturbeilage** Ja, allerdings heißt es, dass die ungläubig staunenden Männer den „Weltuntergangsdonner" noch für einen versehentlich zu früh losgegangenen Böllerschuss der Gratulationsschützen gehalten haben. Obwohl ihre Augen schon den Hügel in die Luft fliegen gesehen haben!

**Wolf Haas** Steigen.

**Literaturbeilage** Steigen?

**Wolf Haas** Sie sehen den Hang hinter der Stromautobahn in die Luft „steigen", nicht „fliegen". Es ist mehr ein elegantes, raumschiffartiges In-die-Luft-Steigen. Darum hat das Bild auch nicht recht zum abrupten Knall gepasst, es war irgendwie asynchron. Elegante Erscheinung, rüder Ton sozusagen.

**Literaturbeilage** Wie uns nun hinlänglich bekannt ist, kann der Donner ja erst später auf seinen langsamen Schallwellen angekommen sein. Es ist eigentlich unlogisch, dass die Friedhofsmänner den Knall für einen zu früh losgegangenen Böllerschuss hielten. Obwohl sie den Hang schon in die Luft steigen gesehen haben.

**Wolf Haas** Also da muss man zwei Sachen unterscheiden. Die Männer am Friedhof haben natürlich vorher den Hang in den Himmel steigen gesehen. Und erst nachher den Knall gehört. Aber für die Leser ist es umgekehrt, denen verrate ich ja vorher noch nicht, was die Friedhofsteher sehen. Die Leser sehen zuerst nur die entsetzt aufgerissenen Augen der Männer. Und da hören sie schon den Knall. Also vorher! Bevor sie den Hang in die Luft steigen sehen.

**Literaturbeilage** Ja, aber die Friedhofsleute in der Würklichkeit sehen den Hang in die Luft steigen, bevor sie den Knall hören!

**Wolf Haas** Natürlich ist der Donner ein paar Sekunden zu spät und dann auch irgendwie zu kurz und zu knallartig dahergekommen, während sich den aufgerissenen Augen schon die längste Zeit der elegische Anblick dieser Hügel-Himmelfahrt geboten hat.

**Literaturbeilage** Und trotzdem halten die Männer den Schuss für einen zu früh losgegangenen Hochzeitsböller! Es geht mir ja nur darum, dass man hier sehr gut die Realitätsverweigerung in so einer Schocksituation studieren kann.

**Wolf Haas** Man will so etwas einfach nicht wahrhaben. Man sieht es, und man glaubt es nicht. Dass da der Berg in den Himmel fährt.

**Literaturbeilage**  Wobei es weniger der Berg als solcher war als sein Inhalt.

**Wolf Haas**  Ja schon. Aber das kommt erst später. Wo die Beobachter es dann kapiert haben, dass Bild und Ton zusammengehören. Zuerst ist einmal nur die völlige Verständnis- und Sprachlosigkeit.

**Literaturbeilage**  Dafür entlädt sich der Schreck des Verstehens dann umso kräftiger. Sie kommen ja sogar mitten in der schon offenkundigen Panik- und Katastrophenstimmung noch einmal auf die Frage des Pfarrers zurück. Also ich muss schon sagen. Sie entblöden sich nicht zu schreiben: „Die aus den Friedhofstehern hervorbrechenden Schreie ungläubigen Entsetzens ließen sich auf keinen Fall mit der Aufforderung des Pfarrers erklären, jetzt zu schreien oder für immer zu schweigen."

**Wolf Haas**  *(lacht)* Ja, das ist gut, da muss ich mich direkt selber loben.

**Literaturbeilage**  Und danach kommt für den Leser erst die Erklärung! Erst im nächsten Satz heißt es: „Das allgemeine Entsetzen der Kirchenvorplatzgläubigen erklärte sich einzig und allein aus dem gewaltigen Anblick, der sich ihren kraterweit aufgerissenen Augen bot. Als auf der Sonnseite, knapp über der Stromautobahn, zum ersten Mal seit Menschengedenken ein Vulkan ausbrach."

**Wolf Haas**  Finden Sie, dass ich da zu dick aufgetragen hab? Ich hab eh schon das Beben der Friedhofserde gestrichen.

**Literaturbeilage**  Im Gegenteil. Ich finde es fast schade, wie knapp Sie die eigentliche Sensation schildern. Sie haben vorhin gesagt, Ihr Hauptaufwand bei dem Buch sei es gewesen, die erzählerische Perspektive zu wechseln. Also wie Sie die Hügel-Explosion aus der Perspektive der Hochzeitsgäste schildern können, obwohl ja der Ich-Erzähler immer noch im Berg steckt. Sie haben die ganze Struktur des Buches um dieses Problem herum gebaut. Also die Countdowns. Das Hinzählen auf die Grenzen, die sprunghaften Überraschungen. Die Einflüsse der Vulkanausbrüche auf das Wetter.

**Wolf Haas** Ja.

**Literaturbeilage** Bei diesem gewaltigen Aufwand überrascht es mich doch etwas, dass Sie dann das Ereignis selbst fast verschenken.

**Wolf Haas** Aber es ist schon ausführlich beschrieben, wie der halbe Hügel hinter der Stromautobahn in die Luft fliegt.

**Literaturbeilage** Steigt.

**Wolf Haas** Und wie der Hochspannungsmast wie ein überdimensionaler Indianerpfeil von den Hochspannungskabeln ins Tal geschossen wird.

**Literaturbeilage** Ich hab dabei weniger an Indianer gedacht als an den einäugigen Riesen Polyphem, der seinen Speer zu Tal schleudert.

**Wolf Haas** Und wie der Himmel sich verdunkelt. Weil das ganze Zeug, das Annis Vater im Schmugglerlager über Jahre und Jahrzehnte gehortet hat, in den Himmel steigt, also die ganzen Billigradios und Kaffeemaschinen und Fernsehapparate und so weiter, wie sich das alles über die Hänge rund um das Schmugglerlager ergießt.

**Literaturbeilage** An der Stelle werden Sie ja richtig poetisch: „Ein gewaltiger, Hunderte von Metern hoher Springquell aus Fernsehapparaten und Feuerlöschern und Klappstühlen und Radiorecordern und Autofelgen –"

**Wolf Haas** Ja, Springquell. *(lacht)* Manchmal kann man's nicht anders sagen. Weil es eben so herausgeschossen ist, also so gerade heraus wie bei bei bei, wie bei einem Springbrunnen eben, und oben, wenn der Druck nachgelassen hat, ist es eben breiter geworden, also so schirmartig über den ganzen Himmel, oder wie soll ich sagen, Bewölkung, darum ist es ja auch finster geworden vor lauter Kaffeemaschinen und Heizlüftern und Werkzeugkästen und Reifen und Stoßstangen und Tauchsiedern und Campingkochern und Scheinwerfern und Hobelbänken und Geschirrgarnituren und Plattenspielern und Motorsägen und Kühlschränken und was weiß ich, was noch alles.

**Literaturbeilage** Herr Bonati scheint ja ein leidenschaftlicherer Käufer als Verkäufer gewesen zu sein.

**Wolf Haas** Das glaub ich auch. Der Hauptgrund für das überfüllte Lager war natürlich, dass er so abrupt aus dem Leben gerissen wurde.

**Literaturbeilage** Bevor er verkaufen konnte.

**Wolf Haas** Aber Sie haben trotzdem Recht. Es war ja Zeug aus vielen verschiedenen Jahren gestapelt. Ich glaube, er war fast mehr ein Sammler als ein Schmuggler.

**Literaturbeilage** Als Schmuggler war er der Letzte einer langen Ahnenreihe. Fast so wie Vater Kowalski, der als Erster seiner Familie kein Wettersteiger mehr war. Die beiden hatten nur noch ein sentimentales Verhältnis zu diesen Berufen.

**Wolf Haas** Stimmt eigentlich, das ist eine interessante Parallele. Herr Bonati war natürlich schon noch etwas mehr als ein rein sentimentaler Sammler. Aber trotzdem, irgendwie schon angekränkelt. Er hat mehr gekauft als verkauft.

**Literaturbeilage** Man könnte es auch positiv formulieren. Er hat wie ein integrer Geschäftsmann in die Zukunft investiert, in das Warenlager.

**Wolf Haas** Ja genau, nur dass es bei diesem Ramsch keine Wertsteigerungen gibt, sondern nur Verfall.

**Literaturbeilage** Sie zählen das ja wieder mal mit einer gewissen Hingabe auf. Nähmaschinen fliegen in den Himmel und Lampen und Motorölflaschen und Spiegel und Teppiche und Matratzen und Scheibenwischer und Bohrmaschinen und Rasenmäher, das ist ja irre, wie viel Zeug der gehortet hat.

**Wolf Haas** Ja, ganze Wolken waren das aus Schneeketten und Stichsägen und Traktorreifen und Wäscheschleudern und Elektromessern und Diaprojektoren und Rechenmaschinen und Fotoapparaten und Staubsaugern und Trockenhauben und Rasierapparaten und Elektrogrillern und Autoradios. Eine Fontäne aus Kelomat-Töpfen und Pürierstäben und Lötkolben und Saftpressen und Alufelgen und Schweißbrennern und Radioweckern und Modelleisenbahnen und Dampfbügeleisen hat sich über die gesamte Sonnseite ergossen.

**Literaturbeilage** Die Dinge, die Sie da aufzählen, Pürierstäbe, Elektromesser, Radiowecker und so, das ist ja auch dieser Wohlstandsmüll ürgendwie.

**Wolf Haas** Ja Wohlstandsmüll. Ganz falsch ist das nicht. Aber man darf es nicht sagen. Sonst klingt's –

**Literaturbeilage** – blöd.

**Wolf Haas** Nicht blöd, aber –

**Literaturbeilage** Mir ist es beim Lesen schon so vorgekommen, als ginge es Ihnen ganz ausdrücklich um diesen Wohlstandsramsch ürgendwie. Diese Aufzählung von Dingen, das geht ja über Seiten: Die Bosch-Bohrmaschinen, die Carrera-Rennbahnen, die Remington-Trockenhauben, die Olivetti-Schreibmaschinen, die Braun-Rasierapparate, die Mauser-Maschinengewehre, die Allibert-Badezimmerschränkchen, die Radios von Philips, die Fritteusen von Kenwood, die Alleszerkleinerer von Moulinex, die Staubsauger von Siemens, die Auspuffs von, oder Auspuffe, wie sagt man?

**Wolf Haas** Auspuff – Auspuffrohre – hm, weiß ich auch nicht. Auspuffe, oder?

**Literaturbeilage** Die Felgen, die Reifen, die Schultaschen, die Plattenspieler, die Druckkochtöpfe, die Lötkolben, die Diaprojektoren, die Rechenmaschinen, die Fliesenschneider, die Stereoanlagen, die Bügelpressen. Das klingt ja, als wäre das Warenlager eines Großkaufhauses explodiert!

**Wolf Haas** Das lässt sich schon erklären. Erstens ist er verunglückt, bevor er die Sachen verkaufen konnte.

**Literaturbeilage** Aber so viel! Man hat das Gefühl, der Vulkan spritzt mehr Waren in die Luft, als im Lager überhaupt Platz haben konnten!

**Wolf Haas** Davon handelt das Buch doch. Dass so viele Sachen übrig bleiben, wenn ein Mensch stirbt. Da bleiben ja diese ganzen Sachen zurück. Auch wenn man kein Schmuggler gewesen ist.

**Literaturbeilage** Davon handelt das Buch für Sie?

**Wolf Haas** Na ja, handeln ist vielleicht übertrieben. Aber es ist das keine Stelle, wo ich im Nachhinein was streichen würde. Also ich hätte jetzt nicht beim Manuskriptüberarbeiten sagen können, Bohrmaschine rein, Stichsäge raus, Pürierstab rein, Diaprojektor raus, Bügeleisen, Kassettenrecorder und Kelomat-Topf rein, Saftpresse und Elektrogriller raus.

**Literaturbeilage** Warum nicht?

**Wolf Haas** Ich hab's nicht geschafft. Ich hab einfach alles aufgezählt. Ich hab mir ja die Liste organisiert vom Gemeindebeamten, der für die Aufräumarbeiten zuständig war.

**Literaturbeilage** Sie haben einfach alles aufgezählt?

**Wolf Haas** Ja, das ist der Trick. Je massiver eine Aufzählung ist, umso eher glaubt man, es müsse erst recht eine Auswahl sein, das Aufgezählte stehe für eine Unmenge des Nichtaufgezählten. Aber in Wirklichkeit war's das auch schon. Die Liste hat nicht mehr als viereinhalb DIN-A4-Seiten gehabt, alphabetisch, also Abfalleimer (2 Stück), Arbeitshandschuhe (3 Hunderterpackungen, eine aufgerissen, Schwund 9 Stück), Akku (10 Stück), Babyfon-Anlage (5 Stück), Büroklammermaschine (57 Stück) und so weiter, also wie es dem Beamten eben in den Sinn gekommen ist. Büroklammermaschine unter „B" ist vielleicht auch beliebig, das könnte auch unter „K" kommen, oder unter „S" bei Schulutensilien. Die Locher waren nicht unter „L", sondern unter „P" aufgelistet, also Papierlocher. Aber der hat das eben so alphabetisch geordnet bis hinunter zur Ziehharmonika.

**Literaturbeilage** Die hätte man ja auch unter „A" wie Akkordeon einordnen können.

**Wolf Haas** Oder „H" wie Handorgel. Wobei ich eben den Verdacht habe, dass Herr Bonati die Ziehharmonika gar nicht geschmuggelt hat, dass er die nur im Liebeslager oben hatte, um Frau Kowalski manchmal was vorzuspielen.

**Literaturbeilage** Da gibt's ja auch einen Brief, wo sie das erwähnt.

**Wolf Haas** Eben.

**Literaturbeilage** Kurze Zwischenfrage. Frau Kowalskis Briefe wurden ja zum Teil bei den Aufräumungsarbeiten gefunden. Von seinen Briefen ist nichts erhalten?

**Wolf Haas** Nein. Es waren natürlich keine im Schmugglerlager. Logischerweise. Aber auch Vittorio hat daheim nie welche gefunden. Ich glaub allerdings auch ehrlich gesagt, dass der Bonati nicht viel geschrieben hat. Ich will nichts behaupten, was ich nicht beweisen kann, aber ich könnte mir gut vorstellen, dass, wie soll ich sagen –

**Literaturbeilage** – dass Frau Kowalski nicht seine einzige Besucherin im Schmugglerlager war.

**Wolf Haas** Wie gesagt, ich weiß es nicht, aber was ich so gehört habe.

**Literaturbeilage** Sein Sammeltrieb hat sich nicht auf Schmuggelgüter beschränkt.

**Wolf Haas** Ich glaub, so ein notorischer Frauensammler war der auch wieder nicht. Er war einfach ein normaler Mann.

**Literaturbeilage** Ah.

**Wolf Haas** Jedenfalls nicht ein neurotischer Weltrekordler wie Riemer.

**Literaturbeilage** Und Lukki?

**Wolf Haas** Na ja, Lukki. Dem kann man im Grunde nichts vorwerfen. Er war ja bisher nicht verheiratet.

**Literaturbeilage** Und jetzt ist er's immer noch nicht! Sein Rivale Kowalski hat eine nachdrückliche Antwort gegeben auf die Frage des Pfarrers, ob jemand etwas gegen die Verbindung von Lukki und Anni einzuwenden habe.

**Wolf Haas** Das hat in dem Moment allerdings noch niemand gewusst. Also dass es Vittorio Kowalski war, der die Antwort gegeben hat. Für die Leute, die draußen gestanden sind, war es ja sozusagen der Berg, der die Antwort gegeben und das Jawort verhindert hat.

**Literaturbeilage** Der Vulkan.

**Wolf Haas** Und für die Leute in der Kirche war der Knall sogar noch viel ärger, der hat sich drinnen noch verstärkt, und die bunten Kirchenfenster, die dieses schöne Licht auf Anni geworfen haben, sind zersprungen und haben das grelle Sonnenlicht hereingelassen. In dem Moment haben sie erst gesehen, wie schön das Wetter geworden ist!

**Literaturbeilage** Für die Leute in der Kürche war der Donnerknall wohl auch vollkommen unerklärlich, weil sie nichts vom Vulkanausbruch gesehen haben.

**Wolf Haas** Dadurch war das natürlich eine noch viel bedrohlichere Antwort auf die Frage des Pfarrers, das war schon sehr in Richtung Göttergrollen. Also da war an eine Fortsetzung der Zeremonie natürlich nicht mehr zu denken.

**Literaturbeilage** Stattdessen sind alle hinausgestürmt. Aber Sie beschreiben es nicht würklich als Panik. Es klingt sehr geordnet.

**Wolf Haas** Ja, eine geordnete Panik, wenn's so was gibt.

**Literaturbeilage** Ich würde mal sagen, das gibt's eigentlich nicht. Das völlig Ungeordnete ist die Definition von Panik.

**Wolf Haas** Vielleicht wäre dieselbe Menschenmenge in Panik geraten, wenn sie in einem Wirtshaus oder Ballsaal zusammengepfercht gewesen wäre, also wenn da an einem schlampigeren Ort sozusagen die Erde erzittert und das Fensterglas zerplatzt wäre. Aber ich schätze, dass doch der Kirchenraum so eine ordnende Autorität ausstrahlt irgendwie.

**Literaturbeilage** Sie meinen, die spirituelle Aura hat die Panik verhindert?

**Wolf Haas** Die spirituelle Aura ist nur das eine. Die starre Architektur ist das andere. Diese unverrückbaren Holzbänke, da sitzen in einer Reihe zwanzig Leute nebeneinander, die können nur einer nach dem anderen aus dem Nadelöhr sozusagen hinaus, das hat natürlich was Disziplinierendes. Das ist anders als in einem Gasthaussaal, wo man Tische und Stühle laut quietschend verschieben und dadurch erst recht den Tumult anheizen kann. Außerdem über Jahre und Jahrhunderte eingeübt, dieses Hinausrücken aus der autoritären Kirchenbank.

**Literaturbeilage** Im Buch heißt es: wie ein vielköpfiges Raupentier.

**Wolf Haas** Jedenfalls geht das im Normalfall immer extrem zäh, weil jeder noch seine Kniebeuge macht in dem Moment, wo er aus dem Betstuhl hinaus auf den Kirchengang tritt.

**Literaturbeilage** Auf die Kniebeuge wurde aber immerhin verzichtet.

**Wolf Haas** *(lacht)* Das war die Panik! Sie haben auf die Kniebeuge verzichtet.

**Literaturbeilage** Und auf das Kreuzzeichen.

**Wolf Haas** Das weiß ich gar nicht. Ich könnte mir schon vorstellen, dass sie erst recht ein paar Kreuzzeichen geschlagen haben. Aber jedenfalls sind sie ziemlich geordnet hinausgedrängt. In umgekehrter Reihenfolge zur Hochzeitswichtigkeit sozusagen. Weil ja die wichtigsten Leute ganz vorne in der Kirche waren.

**Literaturbeilage** Jetzt hatten jene aus den letzten Bankreihen plötzlich die bessere Position.

**Wolf Haas** Die waren natürlich als Erste draußen, lange vor den Verwandten und vor dem Brautpaar. Und am besten haben es ungerechterweise jene gehabt, die gar nicht in der Kirche waren. Die Friedhofsteher sind als Erste den Berg hinaufgerannt. Hinter den Friedhofstehern sind schon die Stehplatz-Kirchgänger gekommen, die Halbherzigen, die sich im Eingangsbereich herumgedrückt haben, dahinter die Bekannten des Brautpaares aus den hintersten Bankreihen, dahinter die

Freunde und die weitschichtig verwandten Hochzeitsgäste aus der Kirchenmitte.

**Literaturbeilage**  Und hinter denen erst die nahen Verwandten.

**Wolf Haas**  Die haben eine Ewigkeit gebraucht, bis sie sich aus den vordersten Reihen hinausgedrückt und bis zur Kirchentür und endlich ins Freie gekämpft haben. Hinter den Verwandten ist erst die eigentliche Familie gekommen, und hinter der engsten Familie erst die Trauzeugen, hinter den Trauzeugen erst das Brautpaar, und hinter dem Brautpaar erst der Pfarrer und die Ministranten.

**Literaturbeilage**  Und dann erst die armen Chorsänger.

**Wolf Haas**  Ja, die waren natürlich die Letzten. Die haben es von der Empore herunter am weitesten bis zum Ausgang, das ist klar.

**Literaturbeilage**  Im Gegensatz zu den Friedhofsleuten hatten die Leute aus der Kürche ja immer noch keine Ahnung, was eigentlich geschehen war.

**Wolf Haas**  Null! Erst als sie hinter den anderen her den steilen Weg zum Schmugglerlager hinaufgerannt sind, haben die gesehen, dass der Berg all die vergessenen Schmuggelgüter längst vergessener Jahre und Jahrzehnte ausgespien und im kilometerweiten Umkreis über die Wiesen und Felder gegossen hat.

**Literaturbeilage**  Lukki, das Alpha-Männchen, schafft es aber, sich trotz seiner schlechten Startposition an die Spitze der Menschenraupe vorzukämpfen.

**Wolf Haas**  Ich wollte ihn nicht unbedingt als Alpha-Männchen hinstellen.

**Literaturbeilage**  Aber das kommt schon so rüber. Sie vergleichen ihn ja auch immer wieder mit Annis Vater.

**Wolf Haas**  Ja vielleicht. Aber er war eben auch Chef der Bergrettung.

**Literaturbeilage**  Wie Annis Vater.

**Wolf Haas**  Und als solcher musste er sich natürlich an die Spitze kämpfen, das war ja sein Job sozusagen.

**Literaturbeilage**  Glauben Sie, dass er auch als Einziger eine Ahnung hatte, wie es zu der Explosion gekommen war?

**Wolf Haas**  Nein, das glaub ich eher nicht. Lukki nicht. Anni vielleicht.

**Literaturbeilage**  Na klar, mit dem Spürterror!

**Wolf Haas**  Das lässt Ihnen keine Ruhe. Jedenfalls hat Lukki wahnsinnig konzentriert agiert. Er hat ja fast den ganzen Weg hinauf gebraucht, um sich an die Spitze der Prozession zu setzen. Bei der ersten Bank war er immer noch fast ganz hinten, bei der zweiten Bank erst im Mittelfeld. Weil alle so gerannt sind. Bergauf! Aber er war dann doch als Erster oben. Wenn er was geahnt hat, dann eben, dass es trotz der Verwüstung noch um Leben und Tod gehen könnte. Er hat herumgebrüllt: Vorsicht! Vorsicht! Vorsicht! Damit die Leute nicht zu nahe an den Krater herangehen.

**Literaturbeilage**  Er hat ja auch schon, bevor er ganz dort war, gesagt: Da muss jemand unten sein.

**Wolf Haas**  Das auf jeden Fall. Aber ich glaube nicht, dass er dabei an Kowalski gedacht hat.

**Literaturbeilage**  Als er am Kraterrand steht, sind Lukkis erste Worte: „Vielleicht lebt er noch!"

**Wolf Haas**  Ja schon. Aber das war nur so ein allgemeines „er". So redet man eben. Es ist ihm nur darum gegangen, dass man prinzipiell mit Überlebenden rechnen muss. Obwohl es wirklich absolut nicht danach ausschaut. Trotzdem agiert er so, wie er es gelernt hat. Dass man bei Verschüttungen eben immer auch gegen den Augenschein mit Überlebenden rechnen muss. Er fängt auch sofort an, Klopfzeichen zu geben. *Tock tock tock.*

**Literaturbeilage**  An dieser Stelle bricht Ihre Erzählung ziemlich unvermittelt ab.

**Wolf Haas**  So kann man das nicht sagen. Das Ende steht ja am Anfang, wie gesagt. Vittorio Kowalski erwacht im Krankenhaus, kriegt endlich den ersten Kuss von Anni. Auf den er fünfzehn Jahre hingearbeitet hat.

**Literaturbeilage**  Ein Happy End.

**Wolf Haas**  Höre ich da einen zynischen Unterton heraus?

**Literaturbeilage**  Zynismus ist mir fremd. Aber Lukkis Tod bei den Rettungsarbeiten handeln Sie doch etwas stiefmütterlich ab.

**Wolf Haas**  Wirklich? Und ich hatte beim Schreiben eher das Gefühl: Jetzt drückst du aber wieder mal drauf.

**Literaturbeilage**  Na! Ich hab das beim ersten Lesen gar nicht richtig mitgekriegt, dass Lukki dem Verschütteten das Leben gerettet und dabei sein eigenes verloren hat.

**Wolf Haas**  Aber so was kann man nicht auch noch mit einem Streichorchester unterlegen. Das wird ja unerträglich. Darum hab ich auch ganz darauf verzichtet, hier noch einmal die Parallele zu den Grubenunglücken zu ziehen. Obwohl es sich wirklich aufgedrängt hätte, weil da ja auch oft die Rettungstrupps verunglücken und der Verschüttete überlebt.

**Literaturbeilage**  Ich möchte auch gar nicht die Moralapostelin spielen. Im Gegenteil, ich finde es gerade interessant, wie man da als Leserin auch zur Mittäterin wird. Man wünscht sich, dass Anni und Vittorio zusammenkommen. Und der Störende soll ürgendwie verschwinden.

**Wolf Haas**  Das hängt natürlich von der Erzählperspektive ab, wer der Störende ist. In Kowalskis Liebesgeschichte ist Lukki der Störende, insofern stimmt das natürlich schon mit der Mittäterschaft. Aber in der Realität des Dorfes ist natürlich Lukki der Rechtmäßige.

**Literaturbeilage** Der Platzhirsch.

**Wolf Haas** Und Kowalski ist der Eindringling. Der Störende, der weg soll. Der ins Ruhrgebiet verschwinden soll.

**Literaturbeilage** Sich „schleichen".

**Wolf Haas** Genau. Damit die Dinge ihren geordneten Lauf nehmen.

**Literaturbeilage** Aber Vittorio Kowalski war nicht wegzukriegen.

**Wolf Haas** Er hat sich gewehrt.

**Literaturbeilage** Das ist wohl der eigentliche Grund, dass man zu ihm hält. Und dass man's mit der Trauer um den Platzhirsch, der immerhin sein Lebensretter war, nicht ganz so genau nimmt.

**Wolf Haas** Ja klar. Wenn ein Schwacher zurückschlägt, das hat was. Er hat ja wirklich mit Kratzen und Beißen um Anni gekämpft!

**Literaturbeilage** Zuerst hat er Annis Vater beseitigt und dann ihren Bräutigam.

**Wolf Haas** Jetzt hat er endlich seinen ersten Kuss.

**Literaturbeilage** Auf den er fünfzehn Jahre gewartet hat.

**Wolf Haas** Und er ist so gut!

**Literaturbeilage** Zwei Zentimeter in gerader Linie vom linken Augenwinkel.

**Wolf Haas** Ja. Er spürt ihn die ganze Nacht. Er hat so große Angst, der Kuss könnte von dort verschwinden, dass er sich bis zum Morgen nicht zu bewegen wagt in seinem Krankenhausbett.

**Literaturbeilage** Gemessen an der Gewalt der Explosion ist er mit seinen Verletzungen ja fast glimpflich davongekommen.

**Wolf Haas** Schwere Gehirnerschütterung, gebrochener Oberarm. Das ist nicht nichts, aber –

**Literaturbeilage** – aber es wird wieder.

**Wolf Haas** Kinder tröstet man ja mit den Worten: Bis zum Heiraten wird's wieder gut. Er hat wirklich Glück gehabt. Nur die Zehe haben sie bei den Aufräumarbeiten natürlich nicht mehr gefunden.

**Literaturbeilage** Aber das Einzige, was er in dieser Nacht spürt, ist sein Backenknochen.

**Wolf Haas** Ja, der ist entflammt sozusagen. Er denkt an nichts anderes. Er möchte eben, dass der Kuss auf seiner Wange bleibt, bis Anni ihn morgen wieder besucht. Sie hat ja gesagt, morgen komm ich wieder.

**Literaturbeilage** Ich hab am Schluss die ganze Zeit darauf gewartet, dass er sich endlich erinnert.

**Wolf Haas** Wie meinen Sie, „erinnert"?

**Literaturbeilage** Das wäre Ihnen wahrscheinlich zu rund gewesen, das kann ich schon verstehen. Aber ürgendwie fehlt einem beim Lesen am Ende doch die Auflösung. Wenn bei ihm wenigstens ansatzweise die Erinnerung eingesetzt hätte. Vielleicht beim Erwachen im Krankenhaus oder so. Oder nach dem Kuss, als er die ganze Nacht den Kuss bewacht, da hätte doch die Erinnerung kommen können.

**Wolf Haas** Ich bin jetzt nicht sicher, worauf Sie hinauswollen.

**Literaturbeilage** Na, worauf wohl. Auf seinen Silbersternchen-Orgasmus!

**Wolf Haas** Ich war schon die ganze Zeit gespannt, warum Sie sich die Uhr aufs andere Handgelenk gegeben haben.

**Literaturbeilage** Richtig, die kann ich jetzt wieder zurücktun. Da hätte ich mich hinterher würklich grün und blau geärgert, wenn ich vergessen hätte, Sie danach zu fragen.

**Wolf Haas** Das ist jetzt ein bisschen so wie mit dem Pfarrer bei der Hochzeit. Eigentlich haben Sie mich nämlich gar nichts gefragt.

**Literaturbeilage** Die Frage lautet, warum Sie so schamhaft verschweigen, dass er durch seinen Silbersternchen-Orgasmus fünfzehn Jahre lang vergessen hat, was damals würklich zwischen ihm und Anni im Schmugglerlager passiert ist, während Annis Vater ins Tal geschwemmt wurde.

**Wolf Haas** Also das hör ich zum ersten Mal. Ich hab doch geschrieben, dass er noch nie mit einer Frau –

**Literaturbeilage** Jaja, Sie haben aber auch geschrieben, dass man sich nicht erinnert nach einem Silbersternchen-Orgasmus.

**Wolf Haas** Na gut, da könnte man dann ja alles behaupten. Da könnte man zu jedem sagen, du hast einen Silbersternchen-Orgasmus gehabt, du kannst dich nur nicht daran erinnern.

**Literaturbeilage** Aber die Indizien im Text sind doch würklich mehr als eindeutig.

**Wolf Haas** Jetzt hab ich extra keinen Krimi geschrieben, und Sie kommen wieder mit Indizien daher.

**Literaturbeilage** Sie können doch nicht allen Ernstes diese romantisierte Version „nur ein Kuss" aufrechterhalten. Ich hab Ihnen nur zugute gehalten, dass Sie es dem Leser überlassen wollten, aus freien Stücken draufzukommen. Das kann ja auch ermüdend sein, wenn in einem Text alles erklärt wird.

**Wolf Haas** Dem Leser überlasse ich grundsätzlich nichts.

**Literaturbeilage** Aber erst durch den Silbersternchen-

Orgasmus, der dem fünfzehnjährigen Vittorio Kowalski bei seinem ersten und letzten Mal die Sinne raubte, kriegt der Text doch seine Schlüssigkeit. Nur wegen einem abrupt unterbrochenen Kuss steht doch würklich kein Mann fünfzehn Jahre lang derart im Bann einer Frau.

**Wolf Haas** Na ja, Kuss – und nackt im Heu liegen! Das schreib ich schon.

**Literaturbeilage** Heukuscheln genügt auch nicht! Sie werden mir doch nicht allen Ernstes weismachen wollen, dass Sie Riemers Silbersternchen-These in Ihrem Roman seitenlang abhandeln, dass Sie die sexuellen Geheimnisse von Vittorios verstorbener Mutter in aller Öffentlichkeit ausbreiten, ohne auf ürgendwas hinauszuwollen. Das wäre ja, wie wenn bei Tschechow am Ende nicht mit der berühmten Flinte geschossen wird, die im ersten Akt an der Wand lehnt.

**Wolf Haas** Ich möchte ein einziges Mal ein Interview geben, wo dieses Tschechow-Gewehr nicht an irgendeiner Stelle zitiert wird.

**Literaturbeilage** Außerdem kann Vittorio Annis Vater nicht mit einem Kuss um die Ecke gebracht haben. Das ist doch –

**Wolf Haas** Stimmt, das ist ein bisschen unverhältnismäßig. Das hat mich auch gestört. Da wäre natürlich *beim ersten Mal* schon besser.

**Literaturbeilage** Was heißt wäre. Der ganze Text wimmelt doch von Hinweisen, dass der Sohn den Hang zur leidenschaftlichen Hingabe von seiner Mutter geerbt hat.

**Wolf Haas** Glauben Sie, dass man das vererben kann? So eine Art genetisch vererbter Vögelfehler oder was?

**Literaturbeilage** Was ich glaube, tut hier überhaupt nichts zur Sache. Aber Ihr Text strotzt doch vor – ich muss schon sagen, Zaunpfählen! So lassen Sie Vittorio Kowalski überhaupt nichts von den entscheidenden Minuten im Schmugglerlager erzählen, nachdem die beiden sich splitternackt ins dampfende Heu gelegt haben.

**Wolf Haas** Diese Diskretion passt doch zu ihm. Das ist noch lange kein Zaunpfahl!

**Literaturbeilage** Zaunpfahl des beredten Schweigens. Kowalski tut ja so, als hätte sich außer den „Klopfzeichen" nichts getan.

**Wolf Haas** Er redet über die Klopfzeichen, weil sie eben das Entscheidende waren, das sich in dieser Situation getan hat.

**Literaturbeilage** Der Meinung bin ich allerdings auch, dass die Klopfzeichen das Entscheidende sind. Nur sind es ganz andere Klopfzeichen, die hier sogar noch ein unaufgeklärter Gehörloser aus dem Roman heaushören kann.

**Wolf Haas** Also, ich fürchte langsam wirklich, Sie hören das Gras wachsen.

**Literaturbeilage** Spritzende Vulkane, penetrantes *tock tock tock*, das sind alles Sachen, die nicht mit Küssen einhergehen, Herr Haas.

**Wolf Haas** Nein, also die Klopfzeichen, die waren sicher nicht so gemeint. Das wäre ja peinlich.

**Literaturbeilage** Ich verstehe nicht, warum Sie es nicht einfach zugeben. Haben Sie Angst, dass man Ihnen einen Entjungferungskomplex unterstellt? Dann hätten Sie das Buch nicht schreiben dürfen. Herr Haas, was hat sich in den Minuten, als Herr Bonati verzweifelt an den verriegelten Eingang seines Schmugglerlagers hämmerte, würklich zwischen den beiden Kindern abgespielt?

**Wolf Haas** Meinetwegen. Wenn du es unbedingt wissen willst, kann ich dir ja verraten, wie es wirklich war. Aber da musst du vorher das Aufnahmegerät ausschalten.

**Literaturbeilage** Ach, du kannst es mir auch so erzählen. Ich lass es dann einfach weg, wenn du es nicht drin haben möchtest.

**Wolf Haas** Schalt lieber aus, dann kann ich dir wirklich alles erzählen.

**Literaturbeilage** Na gut, aber erinnere mich auf jeden Fall daran, dass ich wieder einschalte, wenn wir dann über Frau Ba